52

cincuenta y dos

ESTUDIOS
BÍBLICOS

ayudas ministeriales para el pastor

por Hugo Jeter

52 Estudios Bíblicos
Primera impressión en español en 2002
Segunda impresión, 2008
Diseño por Adam Weatherly
© 2008 RDM

SLC
SERVICIO DE
LITERATURA CRISTIANA

Apartado 0818-00792
Ciudad de Panamá, PANAMÁ

ISBN:
978-1-63368-018-0 Impresso
978-1-63368-019-7 Digital

INTRODUCCIÓN

El propósito de este libro es ayudar a los que enseñan o predican la Palabra de Dios. No es un substituto para la investigación individual, ni para la unción del Espíritu Santo.

Los alimentos enlatados son buenos, pero es necesario calentarlos. El contenido de estos estudios es bueno, pero necesita el fuego del Espíritu de Dios para poder ser eficaz.

Estudie cuidadosamente el pasaje. Busque todas las citas bíblicas. Ore hasta sentirse saturado con el mensaje. Es entonces que encontrará la capacitación de Dios para enseñar o predicar, y recibir bendición de Dios y resultados positivos.

Las ilustraciones no son útiles si no son conocidas o si carecen de relevancia para el que las oye. Usted puede buscar sus propias buenas ilustraciones que tengan valor. Úselas.

Es mi esperanza y mi oración que estos estudios tengan la bendición del Señor y que sean de gran ayuda a los que proclaman las Buenas Nuevas del evangelio por todo el mundo.

El autor

FRUTO
(JUAN 15:1-8)

Introducción:

Hay muchas clases de fruta en el mundo. La fruta es saludable. Nos es placentero comer fruta.

La Biblia nos dice que Dios quiere que sus hijos den fruto. De hecho, se nos dice que si no damos fruto, seremos podados.

¿Qué clase de fruto quiere Dios que demos?
- El fruto de justicia (Filipenses 1:11).
- Buenas obras (Colosenses 1:10; Tito 3:14).
- Fruto del Espíritu (Gálatas 5:22,23).

¿Cómo podemos dar fruto?
- Ser podados—limpios por la Palabra (Juan 15:2).
- Permanecer en Él (Juan 15:4,5).
- Dar (Filipenses 4:17).

Resultados:
- Vencemos el mal con el bien (Romanos 12:20,21).
- Los hombres verán nuestro fruto y darán gloria a nuestro Padre Celestial (Mateo 5:16).
- Hay una segura recompensa para los que siegan en justicia (Proverbios 11:18).

El mucho fruto glorifica a Dios (Juan 15:8).
- Ilustración: Un ingeniero agricultor de Brasil declaró que su mayor ambición era hacer que crecieran dos libras de café donde antes crecía sólo una. ¿Se pueden imaginar qué gran héroe sería este hombre entre los cafetaleros?

Conclusión:
- Es algo natural, normal que un árbol dé fruto. Recibimos nuestra vida por medio de la Vid

Verdadera, Jesucristo. Sin Él no podemos hacer nada. Propongámonos, por la gracia de Dios, permanecer en la Vid, someternos a ser podados y dar una abundante cosecha para que nuestro Señor sea glorificado.

Propósito
(Salmo 108:1-3)

Introducción:

¿Tiene propósito la vida? Todos se hacen esta pregunta. Millones de personas buscan la respuesta. La respuesta no se trata de solamente sobrevivir. Necesitamos saber por qué nuestro Creador nos hizo y qué es lo que espera de nosotros.

Como cristianos, podemos saber de dónde venimos, por qué estamos aquí y adónde vamos. El catecismo que muchos de nosotros aprendimos de niños declara: "El propósito principal del hombre es glorificar a Dios y gozarse en Él para siempre".

Dios creó al hombre a su imagen, con un deseo de tener comunión con Dios. El propósito de la humanidad es amar, glorificar y tener comunión con Dios. El propósito individual del creyente es amar a Dios, ser como Él, hacer su obra y glorificarlo.

No sólo necesitamos un propósito en la vida, sino que necesitamos ser fieles en nuestra resolución de cumplir con ese propósito de Dios. El salmista David dijo: "Pronto está mi corazón, oh Dios, mi corazón está dispuesto; cantaré, y trovaré salmos" (Salmo 57:7).

Daniel, rodeado de bienestar real y de costumbres paganas, "propuso en su corazón no contaminarse" (Daniel 1:8). Dios honró ese propósito y lo usó poderosamente.

Los tiempos eran malos en los días de Habacuc. Él describe la total pérdida de las manadas y del fruto de los campos, pero dijo: "Con todo, yo me alegraré en Jehová, y me gozaré en el Dios de mi salvación" (Habacuc 3:17,18).

Debemos seguir firmes en la obra de Dios (1 Corintios 15:58).

Satanás, el enemigo de nuestra alma, hará todo lo que está en su poder para apartarnos del propósito que Dios tiene para nuestra vida. Se nos dice: "resistid firmes en la fe" (véase 1 Pedro 5:8,9).

La gente con frecuencia se aparta de Dios debido a las circunstancias. Las circunstancias no son importantes; lo importante es cómo reaccionamos a esas circunstancias; como lo describe el poemita:

"Un barco sale hacia el este, y otro hacia el oeste, uno solo es el viento que sopla. Es la vela, y no el ventarrón, lo que determina el rumbo que lleva".

Ya que es sólo al hacer la voluntad de Dios que entramos al cielo (Mateo 7:21), propongámonos, por la gracia de Dios, encontrar el propósito que Dios tiene para nuestra vida y cumplamos con ese propósito.

La defensa del evangelio

Introducción:

Después de casi 2000 años, el cristianismo es una fuerza mayor en el mundo hoy. Hay enemigos que se oponen amargamente al evangelio del Señor Jesucristo. De hecho, algunos dicen que ahora vivimos en una "época poscristiana". El declive moral que acompaña la falta de ética judeocristiana es la causa del caos en nuestra sociedad. Con todo, hay muchos más cristianos en el mundo hoy que jamás antes en la historia. ¿Cómo puede un verdadero cristiano justificar sus creencias hoy ante un mundo incrédulo?

El renombrado apóstol Pablo dijo: "Estoy puesto para la defensa del evangelio" (Filipenses 1:17). El apóstol Pedro exhortó: "Estad siempre preparados para presentar defensa con mansedumbre y reverencia ante todo el que os demande razón de la esperanza que hay en vosotros" (1 Pedro 3:15).

Muchos parecen incapaces de dar una clara declaración de lo que creen. Tienen la esperanza de vida eterna, pero no pueden dar las razones bíblicas de su esperanza. Todos los cristianos deben estudiar y aprender bien la doctrina cristiana básica.

La mayoría se impresiona más con los hechos que con las teorías. Los siguientes son algunos de los hechos que se pueden usar para tratar con un incrédulo escéptico:

¿Cómo defendemos el evangelio?

1 Probando que las Buenas Nuevas son verdad. (Oración contestada, vidas cambiadas, etc.)

2 Probando que el evangelio da resultado hoy. (El evangelio es necesario, relevante y funciona hoy.)

3 Probando que este evangelio es para todos los niveles

de la sociedad, para todos los pueblos en todo lugar. (Dé ejemplos específicos.) Recuerde que hemos de presentar el evangelio en humildad y con amor. También debemos dar ejemplo con una vida sin reproche. ¿Cumple con esto nuestra vida?

El comunismo se basa en el odio entre clases. El cristianismo se basa en el amor.

Mientras estaba en la isla de su exilio, se dice que Napoleón dijo: "César, Alejandro, Carlomagno y yo hemos fundado imperios basados en la fuerza. Jesucristo basó su imperio en el amor. Nuestros imperios se han derrumbado y han perecido. Su imperio es tan fuerte hoy que hay millones que morirían por Él".

La clase de amor que Jesucristo da puede abrazar hasta a nuestros enemigos. Con fe, amor, y una vida verdaderamente cristiana podemos hacernos "más que vencedores".

El apóstol Pablo

Introducción:

El apóstol Pablo fue uno de los hombres más grandes de la historia del Nuevo Testamento. Fue escogido por Dios para ser un apóstol a los gentiles (los no judíos). "Apóstol" quiere decir uno que es "enviado." Él ciertamente fue fiel a su misión.

Él fue el autor de 13 o 14 libros del Nuevo Testamento. Predicó el evangelio desde Jerusalén hasta Roma y estableció iglesias por toda esa región. Sus métodos misioneros todavía se estudian y son usados por la Iglesia hoy.

¿Quién era este hombre? ¿Cómo era? ¿Qué lecciones tiene su vida para nosotros hoy? Pablo nació en Tarso, una ciudad cosmopolita bajo control romano. Era ciudadano romano, aunque judío hasta la médula. Pertenecía a la tribu de Benjamín y fue criado en la ciudad de Jerusalén. Estudió bajo Gamaliel, un sobresaliente maestro de la ley. Era bilingüe y muy bien preparado.

En su vida religiosa era fariseo estricto. Se convirtió en ávido perseguidor de todos los adherentes a la fe cristiana.

Un día iba de camino a Damasco con una autorización de parte de los sacerdotes para encarcelar a los creyentes, cuando experimentó una extraordinaria conversión. (Vea Hechos 9) Dios le dijo que lo iba a usar para testificar ante reyes y gobernantes, pero que iba a padecer mucho (Hechos 9:15,16). Ananías oró por él y fue sanado de ceguera, lleno del Espíritu Santo e inmediatamente comenzó a predicar a Cristo. (Para una lista parcial de sus padecimientos, vea 2 Corintios 11:22-33.)

El testificaba que Dios tuvo misericordia de él para que se convirtiera en un ejemplo para los creyentes (1 Corintios

2:16). (Cf. Filipenses 4:9; 2 Tesalonicenses 3:7,9.) A Pablo no le preocupaban estos padecimientos. Él sólo quería terminar su curso con gozo (Hechos 20:24). Esto mismo hizo (2 Timoteo 4:6-8).

Una corona de gloria esperaba a este poderoso guerrero de Cristo. Sin embargo, Pablo nos asegura que nosotros también podemos recibir una corona si cumplimos fielmente con la tarea que Dios nos ha dado.

Nuestro ministerio debe seguir el patrón que dejó Pablo, sin confiar en nuestra propia sabiduría y habilidad, sino en el poder sobrenatural de Cristo (1 Corintios 2:1-5). ¡Por la gracia de Dios nosotros también podemos acabar la carrera con gozo y entrar al gozo eterno de nuestro Señor!

EL ARREPENTIMIENTO
(MARCOS 1:15)

Introducción:

Por todo el Antiguo Testamento muchos de los profetas exortaban a los hijos de Dios al arrepentimiento. Cuando Jesús comenzó su ministerio terrenal, uno de sus primeros mensajes fue: "Arrepentíos, y creed en el evangelio" (Marcos 1:15).

¿Exactamente qué significa la palabra "arrepentirse"? El diccionario dice: "pesarle a uno de haber hecho alguna cosa, (1) apartarse del pecado y dedicarse a enmendar su vida; (2) a: sentir pesar o contrición; b: cambiar de parecer..."

Hay en el mundo hoy un evangelio "fácil de creer" que no hace énfasis en el sufrimiento y el cambio de vida. Esto está destituido del significado bíblico del arrepentimiento. El genuino arrepentimiento trae cambios en nuestros propósitos, prioridades, modo de vivir (Mateo 3:8).

En el Nuevo Testamento el arrepentimiento era una parte importante del mensaje de Juan el Bautista (Mateo 3:1,2), Jesús (Marcos 1:15), sus enviados (Marcos 6:12), Pedro (Hechos 2:38), Pablo (Hechos 17:30).

El pecado no puede entrar al cielo y la única manera de recibir perdón y ser limpio de pecado es por medio del arrepentimiento y la fe (Hechos 20:21). Dios quiere salvar y ha dado un medio de salvación. Él quiere que todos nos arrepintamos (2 Pedro 3:9). Hay gozo en el cielo cuando un pecador se arrepiente (Lucas 15:7). Es la bondad de Dios que lleva al arrepentimiento (Romanos 2:4). A veces Él usa el sufrimiento para llevar al arrepentimiento (2 Corintios 7:10).

Algunos saben que han pecado y que deben arrepentirse, pero lo siguen dejando para luego. Esaú se arrepintió amargamente, pero fue demasiado tarde (Hebreos 12:17). (Vea también Apocalipsis 9:20,21.)

Si queremos la bendición espiritual para nosotros, nuestra iglesia, nuestra comunidad y nuestra nación, recordemos estas palabras: "arrepentíos y convertíos, para que sean borrados vuestros pecados; para que vengan de la presencia del Señor tiempos de refrigerio" (Hechos 3:19).

LOS CRISTIANOS GOZOSOS

Aunque muchas religiones se caracterizan por la solemnidad y la tristeza, los verdaderos cristianos están entre las personas más alegres de la tierra. Esto se ve en los cultos de la iglesia, en nuestros hogares y en nuestra vida diaria. Nehemías dijo: "el gozo de Jehová es vuestra fuerza" (Nehemías 8:10b). Este gozo es una fuente de fuerza moral y espiritual. ¿Cómo se puede tentar a una persona verdaderamente gozosa?

Naturalmente, nuestra primera pregunta es: "¿Cómo se obtiene este gozo?" Isaías dijo: "Sacaréis con gozo aguas de las fuentes de la salvación" (Isaías 12:3). Cuando creemos las buenas nuevas del evangelio, se nos quita la carga del pecado y aceptamos el don de vida eterna. Pedro nos dice: "en quien creyendo, aunque ahora no lo veáis, os alegráis con gozo inefable y glorioso; obteniendo el fin de vuestra fe, que es la salvación de vuestras almas" (1 Pedro 1:8b,9). La salvación trae gozo.

Una gran fuente de este gozo es nuestra relación con el Señor. David, hablando al Señor, dijo: "En tu presencia hay plenitud de gozo; delicias a tu diestra para siempre" (Salmo 16:11).

Los discípulos se regocijaron porque habían podido sanar a los enfermos y echar fuera demonios en el nombre del Señor. Jesús contestó: "regocijaos de que vuestros nombres están escritos en los cielos" (Lucas 10:20b). Esta es una constante fuente de gozo. Todo lo demás se vuelve insignificante en comparación con el hecho de que se nos ha asegurado la vida eterna y que vamos camino al cielo.

Jesús dijo a sus seguidores que se regocijaran y se alegraran, aun en medio de la persecución y las pruebas (Mateo 5:11,12). ¿Por qué? Porque nuestra recompensa en el cielo será grande. Él mismo nos dio el ejemplo que hemos de seguir: "Jesús...el cual por el gozo puesto delante de él sufrió la cruz, menospreciando el oprobio, y se sentó a la diestra del trono de Dios" (Hebreos 12:2).

El apóstol Pablo instó a los hermanos filipenses: "Regocijaos en el Señor siempre. Otra vez digo: ¡Regocijaos!" (Filipenses 4:4). Quizás no siempre podamos regocijarnos en medio de nuestras circunstancias. (Esta exhortación fue escrita desde una prisión en Roma.) Sin embargo, siempre podemos regocijarnos en el Señor, por quien Él es, por lo que Él ha hecho, por lo que está haciendo, y lo que promete hacer. Recuerde, lo que determina la calidad de nuestra vida no son las circunstancias, sino nuestra actitud hacia esas circunstancias.

El salmista dijo: "Por la noche durará el lloro, y a la mañana vendrá la alegría" (Salmo 30:5b). ¡Alégrese! La noche quizás sea larga, pero se acerca la mañana. Recuerde al profeta Habacuc, quien en medio de las peores circunstancias dijo: "Con todo, yo me alegraré en Jehová, y me gozaré en el Dios de mi salvación" (Habacuc 3:17-19).

Si su gozo es a veces débil, pida la ayuda de Dios. El gozo es un fruto del Espíritu (Gálatas 5:22; Romanos 14:17). Judas dice que el Señor puede "presentaros sin mancha delante de su gloria con gran alegría" (v. 24b).

El gozo es característico del eterno reino de Dios. La recompensa del siervo fiel se ve en Mateo 25:21b: "Entra en el gozo de tu señor".

George Mueller, un gran siervo del Señor, dijo que había encontrado el secreto del triunfo en la obra del Señor: "Antes que nada, todos los días debe ver que su alma esté gozosa en el Señor". Propongámonos, como el salmista, que: "Mi alma se alegrará en Jehová" (Salmo 35:9).

LA DILIGENCIA

"El alma del perezoso desea, y nada alcanza; mas el alma de los diligentes será prosperada" (Proverbios 13:4).

Por toda la Biblia la inactividad, la pereza y el descuido son severamente condenados, mientras que la diligencia es altamente encomiada. Muchos no reconocen la importancia de estos asuntos hasta que es demasiado tarde. No siempre son los genios, los gigantes intelectuales, los que logran la grandeza en esta vida. Muchos hombres de inteligencia común han logrado grandes triunfos gracias a su diligencia y perseverancia.

Salomón dice: "Haber precioso del hombre es la diligencia" (Proverbios 12:27b). Él también nos dice: "La mano negligente empobrece; mas la mano de los diligentes enriquece" (Proverbios 10:4). La Biblia exhorta: "Todo lo que te viniere a la mano para hacer, hazlo según tus fuerzas" (Eclesiastés 9:10). Y en Colosenses 3:23: "Y todo lo que hagáis, hacedlo de corazón, como para el Señor y no para los hombres." Esto nos debe ayudar a ser cuidadosos y diligentes.

La diligencia en nuestra vida espiritual es importante en extremo. En tiempos de prosperidad, cuando las cosas van bien, es fácil ser negligente con las cosas espirituales y el servicio. El pecado de Sodoma era el orgullo, llenura de alimentos y abundancia de inactividad. Eran orgullosos y cometían la abominación ante Dios. También faltaban en ayudar a los necesitados. Todo esto resultó en su destrucción.

Áreas en las que es necesario que seamos diligentes
1. Nuestra propia vida espiritual y carácter (2 Pedro 1:5-11)
2. Recibir la aprobación de Dios (2 Timoteo 2:15)
3. Interpretar y aplicar correctamente la Palabra de Dios (2 Timoteo 2:15)

4. No fallar y evitar la amargura (Hebreos 10:15)
5. En amor y servicio (Deuteronomio 11:13-16)
6. En buenas obras (1 Timoteo 5:10)

Áreas que no debemos descuidar
1. Las cosas de más importancia (Cf. los fariseos, Mateo 23:23)
2. Nuestra salvación (Hebreos 2:3)
3. Los dones que Dios nos da (1 Timoteo 4:14-16)

Resultados finales
1. Los negligentes, los que no hacen la voluntad de Dios oirán: "Apartaos de mí... al fuego eterno" (Mateo 25:41)
2. Los fieles oirán: "Venid... heredad el reino" (Mateo 25:34)

Recuerde
1. Dios será encontrado por los que lo buscan "de todo... corazón" (Jeremías 29:13)
2. Dios recompensa a los que lo buscan con diligencia (Hebreos 11:6)
3. Dios dará abundante entrada en su reino (2 Pedro 1:11)

SÉ VALIENTE
(JOSUÉ 1:6-9)

Introducción:

Después de la muerte de Moisés Dios habló a Josué, a quien había escogido para tomar el lugar de Moisés. Tres veces en cuatro versículos le dijo que se esforzara y que fuera valiente. Ellos necesitaban valentía. Todos habían sido esclavos y se enfrentaban con ejércitos preparados y ciudades fortificadas.

La prometida presencia del Dios Todopoderoso era su fuente principal de valentía. Habían visto el poder sobrenatural de Dios cuando se partieron las aguas del Mar Rojo en el desierto – en el maná del cielo, agua de la roca, etc. Ciertamente Dios podía.

Para obtener esta valentía se les dijo que leyeran y meditaran continuamente en las leyes de Dios, sus mandamientos y sus poderosas obras. Debían ver a Dios y no las circunstancias.

Josué demostró singular valentía. Fue uno de los doce espías que llevaron un buen informe y que no temían a los gigantes (Números 13:6-9). (Vea también su encuentro con el ángel de Jehová – Josué 5:13,14.)

Los eventos sobrenaturales siguieron bajo la dirección de Josué. (Cf. el cruce del Jordán, los muros de Jericó.) No importaba a Josué cuán altos y fuertes fueran los muros de Jericó ¡y ciertamente no importaba a Dios!

Josué tuvo que pelear muchas batallas para poseer la tierra que Dios había prometido a su pueblo. Hacia el final de su vida él informó que ninguna de las promesas de Dios había faltado (Josué 23:14b).

Nosotros los cristianos estamos en una guerra espiritual. El poder sobrenatural de Satanás sólo puede ser vencido por el poder sobrenatural de Cristo. Cristo dijo: "Toda potestad me es dada" (Mateo 28:18). También dijo a sus seguidores: "Os doy potestad...sobre toda fuerza del enemigo" (Lucas 10:19).

Nuestra lucha no es solamente de defensa, sino que es una guerra de conquista. Nuestro propósito es llevar almas a Cristo y establecer su reino. Se necesita valentía. La intrepidez es indispensable. Jesús repetidamente dijo: "No temas" (Mateo 8:25,26; 14:27; Lucas 8:50).

Los amenazados discípulos oraron pidiendo valentía y el sobrenatural poder de Dios que les daría esa valentía. Fueron llenos del Espíritu Santo y hablaron la Palabra con valentía. (Vea Hechos 4:29-31.)

Una de las armas favoritas del enemigo es el desánimo. Alguien ha dicho: "El diablo tiene muchas armas, pero el desánimo es un mango que les queda bien a todas". Jesús dijo a sus seguidores que en el mundo tendrían dificultades. Pero les dijo: "Confiad, yo he vencido al mundo" (Juan 16:33).

Cobre ánimo, medite en lo que Dios ha hecho en el pasado, en quién Él es, en lo que ha prometido, en su fidelidad. La victoria viene. Aunque los muros todavía estaban en pie Dios dijo a Josué: "Mira, yo he entregado en tu mano a Jericó" (Josué 6:2).

El salmista dijo: "Jehová es mi luz y mi salvación; ¿de quién temeré?" (Salmo 27:1). Con fe y valentía nosotros también podemos ser "más que vencedores por medio de aquel que nos amó" (Romanos 8:37).

EL PATRÓN DE DIOS PARA EL PROGRESO

Introducción:

La iglesia de Jesucristo no es inmóvil. Está en movimiento. Su objetivo es la evangelización del mundo. Lo siguiente se podría llamar "el patrón de Dios para el progreso".

1. Progreso por medio de la cooperación (2 Corintios 6:1; Marcos 16:20; Hebreos 2:4).
   La ayuda espiritual es esencial para la conquista espiritual.

2. Progreso por medio de la predicación (1 Corintios 1:21; Hechos 8:4; Mateo 9:35).
   La predicación debe ser con autoridad (1 Pedro 4:11).

3. Progreso por medio de la oración (Mateo 9:36-38; Marcos 11:22-24).
   La oración según la voluntad de Dios trae la victoria (1 Juan 5:14,15).
   La evangelización del mundo es la voluntad de Dios.

4. Progreso por medio de la paciencia (Santiago 5:7,8).
   La respuesta se demoró en el caso de Abraham y de Daniel, pero llegó la victoria en el momento que Dios quiso.

5. Progreso por medio de la perseverancia (Eclesiastés 11:1,4,6; 1 Corintios 15:58; Gálatas 6:9).
   El obrero es recompensando según su fidelidad, no los resultados.

6. Progreso por medio de la alabanza (2 Crónicas 20:17-22).
   La alabanza denota fe y la fe es victoria (1 Juan 5:4b).

7. Progreso por medio del personal (Romanos 10:12-15; Mateo 9:37,38).

    Jesús pidió específicamente que oremos por los obreros.

Si seguimos el patrón de Dios, tendremos segura la victoria.

Consejos del apóstol Pablo
(Filipenses 4:1-9)

Introducción:

Todos necesitamos consejos en esta vida. Venimos al mundo no sabiendo nada y tenemos que aprender de los demás, de los que tienen experiencia. Hay buenos consejos y hay malos consejos. Nuestro carácter se determina grandemente por el consejo que seguimos. Algunas personas se esfuerzan mucho por seguir el ejemplo de uno que ha sobresalido en un campo particular. Necesitamos un modelo, un mentor.

El apóstol Pablo fue sin duda uno de los hombres más grandes de todos los tiempos. Sus inspirados escritos forman gran parte del Nuevo Testamento y su obra misionera no tiene igual. Él sobrevivió intensa persecución y grandes dificultades, pero terminó su curso con gozo y con victoria espiritual. Este es un hombre del que podemos tomar consejos y seguirlos con seguridad.

Este pasaje de la Escritura fue escrito a una iglesia que Pablo estableció. Él amaba entrañablemente a la gente y ellos se habían mantenido fieles a su lado. Sin embargo, el mensaje es para aquellos "cuyos nombres están en el libro de la vida" (v. 3b), para todos los creyentes.

He aquí sus consejos:
1. Estar firmes (v. 1). (Cf. Efesios 6:10-18)
2. Buscar unidad, "sean de un mismo sentir" (v. 2; Salmo 133)
3. Regocijarse en el Señor (v. 4). Su gozo es nuestra fuerza (Nehemías 8:10)

    George Mueller dijo que el secreto para el buen servicio al Señor era que lo primero por la mañana debía ser ver que su alma estuviera gozosa en el Señor.

4. Ser gentil, amable (v. 5). No ser contencioso (2 Timoteo 2:24). (Cf. una madre con su niño de pecho (1 Tesalonicenses 2:7). Hablar la verdad en amor (Efesios 4:14b)

5. No preocuparse por nada (v. 6). Enseñanza de Jesús (Mateo 6:25-34)

6. Orar con agradecimiento (v. 6). La oración no debe ser sólo para pedir.

7. Tener buenos pensamientos (v. 8). Nuestro pensamiento determina nuestro comportamiento (Romanos 12:2). No se pueden eliminar los malos pensamientos con sólo decir: "Ya no voy a pensar en...." Debemos llenar nuestra mente de buenos pensamientos.

8. Seguir la enseñanza y el ejemplo de Pablo (v. 9). Se debe conocer a ambos. Como dice el cántico: "No se puede afirmar en las promesas sin saber cuáles son".

El resultado:

"Y la paz de Dios, que sobrepasa todo entendimiento, guardará vuestros corazones y vuestros pensamientos en Cristo Jesús" (v. 7), y "El Dios de paz estará con vosotros" (v. 9b). ¡Qué bendición! ¡Paz con Dios, la paz de Dios y paz con los hombres!

LAS OBRAS DE CRISTO

Introducción:

Antes de sanar a un hombre que había nacido ciego, Jesús dijo: "Me es necesario hacer las obras del que me envió, entre tanto que el día dura" (Juan 9:4). Poco antes de regresar al cielo Jesús dijo: "Como me envió el Padre, así también yo os envío" (Juan 20:21). Si se nos ha encargado hacer las obras del Señor, debemos saber cuáles son esas obras. Veamos algunas de ellas.

Mateo describe la obra del Señor como enseñar, predicar y sanar (Mateo 9:35). El suyo era un ministerio de tres partes. Su ministerio no estaba limitado a una sola región (Lucas 4:34).

Enseñar

"Rabí" (maestro) era quizás el más usado de todos los títulos de Jesús. Él enseñaba en las sinagogas, al aire libre, entre las multitudes y de uno a uno. No es suficiente hacer que la gente se convierta; debemos enseñar a todos sobre los mandamientos de Cristo (Mateo 28:18-20). Para hacer discípulos es necesario impartir mucha enseñanza. Es esencial para el establecimiento de su Iglesia. Se encuentra un patrón para esto en 2 Timoteo 2:2.

Predicar

Jesús enseñó arrepentimiento y fe (Marcos 1:14,15). El arrepentimiento, tristeza por haber pecado y apartarse de él, es esencial. Creer que Jesús es el Hijo de Dios, el Salvador del mundo, también es necesario. (Vea Romanos 10:9,10.)

Durante todo su ministerio el Señor habló del "reino de Dios". Este reino tiene dos aspectos: El presente consiste de la soberanía de Dios en el corazón y la vida de los creyentes. Como sus súbditos, los cristianos nos sometemos a su autoridad y a sus mandamientos. También buscamos la expansión de su reino al hacer que los demás acepten a Cristo como su Señor y Rey (Mateo 6:33). El segundo aspecto del reino de Dios todavía es futuro. Viene el día cuando toda rodilla se doblará en sumisión al Rey de reyes y Señor de señores (Filipenses 2:10,11). Jesús declaró que el propósito de su venida a este mundo era "buscar y a salvar lo que se había perdido" (Lucas 19:10). Debemos buscarlos activamente.

Sanar

Cuando Jesús estaba en la tierra pasó una gran parte de su tiempo sanando a los enfermos. ¿Cuánto tiempo dedicamos nosotros a este ministerio? Recordemos que el ministerio sanador de Cristo: (a) atraía a las multitudes (Juan 6:2); (b) convencía a la gente de que Él venía de Dios (Juan 3:1,2); y (c) daba gloria a Dios (Mateo 15:31). Así mismo era en los días de los apóstoles (Hechos 4:21,22); y lo mismo es hoy. Jesús hacía sus obras por medio del poder del Espíritu Santo (Lucas 4:18; Hechos 10:38). Tenemos esa misma fuente de poder. Él dio poder para sanar a los enfermos a: (a) los doce apóstoles (Mateo 10:8); (b) los setenta (Lucas 10:9); (c) los ancianos de la iglesia (Santiago 5:14,15); y (d) los "creyentes" (Marcos 16:18).

Los milagros que hizo Cristo fueron escritos por el apóstol Juan con un propósito, y ese es que la gente pudiera creer y ser salvos (Juan 20:30,31).

Nuestro tiempo está limitado. La noche se acerca. Hagamos las obras del que nos mandó. Prediquemos y enseñemos la Palabra de Dios y Él la confirmará (Marcos 16:20; Juan 14:12).

EL TEMOR

Introducción:

Uno de los grandes enemigos con el que tenemos que contender en esta vida es el temor. El temor es un instinto natural que se nos ha dado para nuestra protección. El temor excesivo puede causar inacción, parálisis, miseria y hasta la muerte. Por toda la Biblia encontramos el mandamiento: "No temáis".

¿A qué teme la gente?

- A la pobreza, la necesidad, la violencia, la mala salud, el rechazo, la muerte. Jesucristo puede y libera de todas estas cosas. La Biblia nos asegura que Él suplirá todo lo que nos falta (Filipenses 4:19).

La presencia de Dios alivia el temor.

- ¿De quién temeremos si Dios está con nosotros? (Salmo 27:1; Romanos 8:31,32). (Cf. Isaías 35:4.) En medio de la tormenta Jesús preguntó a sus discípulos: "¿Por qué teméis?" (Mateo 8:26). En el amado Salmo del Pastor, David dice que ante la muerte "no temeré mal alguno, porque tú estarás conmigo" (Salmo 23:4).
- "El perfecto amor echa fuera el temor" (1 Juan 4:18). Si amamos de todo corazón, alma y fuerza a nuestro Dios omnipotente, Él hará que todo obre para nuestro bien (Romanos 8:28).
- El Señor mandó al Espíritu Santo para ser nuestro Consolador (Juan 14:16). El Espíritu Santo da valentía (Hechos 4:29-31).
- El "espíritu de cobardía" no es del Señor (2 Timoteo 1:7). No temamos las fuerzas del mal (Flipenses 1:28). Resistámolas (1 Pedro 5:8,9; Santiago 4:7). La suerte del que teme se ve en Apocalipsis 4:29-31.

A veces quizás seamos pocos en número y nos sintamos tentados a desanimarnos, pero el Señor dice: "No temáis, manada pequeña, porque a vuestro Padre le ha placido daros el reino" (Lucas 12:32). Se ha dicho que "uno con Cristo es una mayoría". Recordemos la admonición de Dios a Josué (Josué 1:5b-9).

Tengamos fe en la provisión, protección y presencia de Dios y sigamos adelante con valentía hacia la victoria (1 Juan 5:4).

LA VERDADERA LIBERTAD

Introducción:

Muchos países celebran su libertad en el mes de julio: Canadá el 1°, Estados Unidos el 4, Venezuela el 5, Argentina el 9, Francia el 14 y Perú el 28.

El significado básico de "libertad" es "libertad para escoger". Hay diferentes clases de libertad: nacional, política, personal y espiritual. En la famosa Carta Atlántica, los líderes juraron luchar por (1) libertad de expresión y de prensa, (2) libertad de religión, (3) libertad del temor y (4) libertad de la escasez.

El valor de la libertad:

En la lucha de las colonias norteamericanas por lograr su libertad, el patriota Patrick Henry dio fin a su apasionado discurso con las palabras: "Yo no sé qué rumbo seguirán los demás, pero en cuanto a mí, ¡dadme libertad o dadme muerte!" El lema nacional de Francia es: "Liberté, egalité, fraternité". ("Libertad, igualdad, fraternidad".) En años recientes el valor de la libertad se ha demostrado por los miles de personas que lo han sacrificado todo y han puesto en peligro su misma vida para escapar de su país natal que les ha negado la libertad.

El precio de la libertad:

Jamás debemos olvidar los sacrificios de nuestros antepasados que dieron su vida por la libertad que poseemos. Para poder mantener esta libertad debemos recordar que: "El precio de la libertad es la constante vigilancia".

La libertad espiritual:

Ésta es la más importante de todas (Juan 8:31-36)

- Su proveniencia – Cristo (Romanos 8:21)
- Su naturaleza – libertad del pecado, de su poder y castigo (Romanos 6:14,22,23)
- Libertad del temor (Salmo 23:4; 27:1)
- Libertad de la escasez (Salmo 23:1; Filipenses 4:19)

Cómo se obtiene:
Con el conocimiento de la verdad (Juan 8:32; Juan 14:6)

Cómo se mantiene: (Gálatas 5:1).

- Permanecer en la verdad (Juan 8.31; 1 Corintios 8:9)
- Ser llenos del Espíritu (2 Corintios 3:17)
- Resistir al enemigo (Santiago 4:7; Efesios 6:10-18)

¿Es usted libre? Usted tiene la libertad de escoger. No sea como los judíos que estaban bajo esclavitud pero no lo admitían. Usted puede tener libertad espiritual ahora. El precio ya se pagó. Lo que sea que lo ata, Cristo quiere libertarlo. "Si el Hijo os libertare, seréis verdaderamente libres" (Juan 8:36).

LA FIDELIDAD
(MATEO 25:14-30)

Introducción:

La fidelidad es una cualidad muy deseable. Es mucho más valiosa que la capacidad o las habilidades. Lamentablemente, es difícil encontrarla (Proverbios 20:6).

El diccionario nos dice que "fiel" quiere decir: "Firme en afecto, o lealtad: Leal. Firme en fidelidad a promesas o en observancia del deber: Responsable". Algunos de sus sinónimos son: Fiel, leal, constante, firme, inmutable, resuelto. Dios es fiel (Apocalipsis 19:11) y Él quiere que sus hijos sean como Él. En la parábola de Mateo 25 los siervos de Dios serán juzgados según su fidelidad.

Fieles:

A Dios:
- Los jóvenes hebreos (Daniel 3:14-26,29). No se inclinan ante el dios de: El dinero, la expediencia, la aveniencia, etc.
- Fieles en el amor a Dios (Mateo 22:37)

Al deber:
- Mayordomía (1 Corintios 4:1,2)
- Evangelización. Cf. el apóstol Pablo (Romanos 1:14,15; 2 Corintios 11:22-29)
- Pastores (1 Pedro 5:1-4)

En medio de la tentación:
- Moral: Sansón, Salomón y David cayeron; José fue fiel.
- Dinero: Judas, Giezi cayeron; Elías no.

- Amor al mundo: Demas cayó; Daniel no (Daniel 1:8)
- Contar con la fidelidad de Dios (1 Corintios 10:13; 2 Tesalonicenses 3:3)

En medio del peligro:
- Algunos "huyen a Egipto"; otros "ven a Jesús" (Hebreos 12:2)

En medio del desánimo:
- Elías debajo del enebro (1 Reyes 19:4)
- David en Siclag (1 Samuel 30:4-6,8)

En medio del triunfo:
- Muchos fracasan aquí. "Es difícil obtener la victoria sobre el éxito".
- Abraham y José fueron fieles en medio de la prosperidad.
- Nos hacemos partícipes de Cristo si somos fieles hasta el fin (Hebreos 3:14).
- Se nos promete una corona de vida si somos fieles hasta la muerte (Apocalipsis 2:10b).

DIOS QUIERE SANAR

La mayoría de las personas creen que Dios tiene el poder para sanar enfermedades. Sin embargo, el problema es "¿Quiere Dios sanarme?" En este estudio veremos siete razones por las que creemos que Dios sí quiere sanar.

1. **Cristo vino a hacer la voluntad de su Padre**
   (Hebreos 10:7). Él sanaba a todos los que se llegaban a Él para ser sanados (Mateo 8:16; 12:15; 14:35,36).

2. **Cristo vino a destruir las obras del diablo**
   (1 Juan 3:8). La enfermedad es una de sus obras (Hechos 10:38; Lucas 13:16). La muerte es un enemigo, y como tal se debe resistir (1 Corintios 15:26).

3. **No hay parcialidad con Dios**
   (Romanos 2:11; Deuteronomio 10:17b; Hechos 10:34). El Nuevo Testamento nos dice que una vez un leproso dudó que Dios lo quisiera sanar. Él dijo: "Señor, si quieres, puedes limpiarme." Jesús dijo: "Quiero; sé limpio." Inmediatamente fue sanado (Mateo 8:2,3). Lo que hizo por otros lo hará por usted.

4. **Dios quiere darnos buenas cosas.**
   Él es un Padre misericordioso y quiere dar buenas cosas a sus hijos (Salmo 103:13; Mateo 7:11; Santiago 1:17). Dios quiere que sus hijos sean saludables y fuertes (Éxodo 23:25; 3 Juan 2). La sanidad es llamada el pan de los hijos (Marcos 7:27). Jesús nos enseñó a orar "El pan nuestro de cada día, dánoslo hoy" (Mateo 6:11).

5. **Dios se ha revelado como nuestro Sanador.**
   (Éxodo 15:26). Él prometió quitar las enfermedades de en medio de su pueblo (Éxodo 23:25). Él cumplió con su

promesa (Salmo 105:37). Todas las enfermedades están incluídas (Salmo 103:3).

6. Cristo llevó nuestras enfermedades, por lo tanto nosotros no tenemos que llevarlas

(Isaías 53:5; 1 Pedro 2:24). Cf. Mateo 8:17 que muestra que la profecía de Isaías se refiere a la sanidad física.

7. Jesucristo nunca cambia

(Hebreos 13:8; Santiago 1:7). Si dudamos que Él sana hoy, estamos dudando de su poder o de su amor. Lo que Él pudo hacer cuando estaba en la tierra, Él puede hacer hoy. Lo que quería hacer cuando estaba en la tierra, Él quiere hacer hoy. ¿Qué le dolería más, que su hijo dudara de su poder o de su amor? Jesús no ha cambiado. Crea y reciba su sanidad.

DIOS ES SOBRENATURAL
(JEREMÍAS 32:27)

Introducción:

Los líderes religiosos de Israel, los saduceos y los fariseos, estaban divididos en su concepto de Dios. Los saduceos no creían en nada sobrenatural. Los fariseos creían en lo sobrenatural. Sin embargo, aunque creían en los milagros del Antiguo Testamento, se negaban a aceptar los milagros que hacían Cristo y sus seguidores. En casos en los que los hechos eran indisputables, querían hasta destruir la evidencia.

Desafortunadamente, hay muchos cristianos que, como los saduceos, no creen que Dios hace milagros. Como los fariseos, hay cristianos que creen que Dios hizo milagros en el pasado, pero no esperan ver ninguno hoy.

Creemos que Dios siempre ha sido sobrenatural, y que todavía lo es hoy. Si no fuera sobrenatural, no podría ser Dios. Y si es sobrenatural, es de esperarse que obrará según su naturaleza. Es natural, normal, que Él haga lo sobrenatural.

Stanley Jones una vez dio una inolvidable ilustración de este punto. Él dijo: "Supongamos que hay un sapo debajo de una piedra. Él quiere levantar la piedra. Infla todos sus músculos pero no la puede mover. Pesa demasiado para él. Un hombre pasa por el bosque, recoge la piedra y la tira a un lado. El sapo pispilea y dice croando: 'Un milagro'. ¿Un milagro para quién? No fue un milagro para el hombre, puesto que era de una naturaleza diferente." Recuerde, Dios no cambia, y no hay nada muy difícil para Él.

Uno de los milagros más grandes de la historia es el de la liberación de los israelitas de su esclavitud en Egipto. Faraón no quería soltar a sus esclavos. Ellos construían sus ciudades, cuidaban de sus rebaños, hacían su trabajo. Ellos eran su riqueza.

Fueron necesarios diez milagros para hacer que pusiera en libertad a esos esclavos. En el simbolismo bíblico Egipto representa el mundo, Faraón a Satanás y el pueblo en esclavitud representa a los que viven bajo la esclavitud del pecado (Juan 8:34). Los que viven bajo la esclavitud del pecado están haciendo la obra de Satanás. Es necesario el poder sobrenatural, los milagros, para hacer que los suelte.

La historia de los hijos de Israel abunda con relatos de los milagros de Dios: El cruce del Mar Rojo, agua en el desierto, comida del cielo, el cruce del Jordán, la conquista de Jericó, etc.

La necesidad del poder sobrenatural de Dios es muy obvia en el mundo cristiano hoy. No podemos poner en libertad a los esclavos del pecado por nuestro propio poder. El Señor ha prometido obras sobrenaturales a los que creen en Él (Juan 14:12). Su desafío para nosotros hoy es: Clama a Él, cree y espera lo sobrenatural (Jeremías 33:3; Marcos 9:23).

EMBAJADORES DE CRISTO
(2 CORINTIOS 5:17-20)

Introducción:

Ser un embajador es un puesto muy deseado. Muchos expresidentes se han alegrado de aceptar un puesto como embajador.

¿Qué es un embajador?

"Un ministro de alto rango enviado a un país extranjero para residir ahí y representar a su gobierno". La Escritura nos dice que nosotros podemos ser embajadores para el reino de los cielos.

Requisitos:

Para poder ser nombrado embajador:

1. Debe ser un ciudadano (Filipenses 3:20). La ciudadanía se obtiene por medio del nacimiento natural (Juan 3:5,7; Lucas 10:20; Apocalipsis 20:15). Los cristianos son distintos a los que no son cristianos. Ellos son: (a) nacidos de lo alto; (b) nuevas criaturas; (c) tienen diferentes propósitos, prioridades y destinos.
2. Debe ser oficialmente nombrado y llevar cartas de acreditación (Juan 20:21; Marcos 16:15-20; Hebreos 2:4).
3. Es enviado a un país extranjero. Nosotros no somos de este mundo (Juan 17:14; Hebreos 11:8-16; 1 Pedro 2:11,12).

Representantes del reino celestial:

1. La gente juzga a un país por sus representantes. Por ejemplo, hace varios años en un país extranjero el embajador de los Estados Unidos bebía demasiado. La gente de ese país creía que todos los estadounidenses eran borrachos.
2. No debe avenirse a ese país (Romanos 12:2).
3. No debe enredarse en negocios o asuntos personales (Mateo 13:22). Cf. Mateo 6:19-21; 2 Timoteo 2:4.

El reino que representan los cristianos:

1. Su naturaleza: (a) en el presente es espiritual, su Rey reside en los corazones (Lucas 17:20,21; Romanos 14:17); (b) en el futuro abarcará a toda la tierra (Apocalipsis 10:15).

2. Su duración: El reino de Dios es un reino eterno (Daniel 2:44; Salmo 145:13).

La obra de un embajador:

La obra de un embajador de Cristo es principalmente la "reconciliación". ¿Por qué es necesario esto? El hombre ha sido separado de Dios debido al pecado (Isaías 59:1). Dios quiere ser reconciliado con sus criaturas, ha hecho provisión para su perdón y ha nombrado embajadores para efectuar la reconciliación.

1. Un embajador debe reconciliarse con Dios y con su prójimo (Mateo 5:23,24; 6:12,14,15; 1 Juan 4:20,21).

2. Luego debe esforzarse por reconciliar a los demás con Dios y con su prójimo (2 Corintios 5:20).

Conclusión:

¿Le gustaría a usted ser un embajador de Cristo? Quizás sea malentendido y criticado, ¡pero el honor y las recompensas son grandes! Solicite ahora mismo. Hay plazas vacantes.

COPARTÍCIPES DE LA NATURALEZA DIVINA
(2 PEDRO 1:4)

Introducción:

¿Qué significa ser un partícipe?

El diccionario dice: "1. Tomar parte de, o experimentar algo, junto con otros. 2. Tener una porción (como alimento o bebida). 3. Poseer o compartir cierta naturaleza o atributo". Si hemos de tomar parte de la Naturaleza Divina, debemos saber algo sobre esa naturaleza. Afortunadamente, Dios se ha revelado a la humanidad por medio de su Palabra y la vida de Jesucristo. Algunas de las características de nuestro Dios son:

- Amor y compasión (Juan 15:9; Romanos 5:8; Mateo 9:36)
- Santidad (Hebreos 9:15; 12:10)
- Verdad (Números 23:19; Juan 14:6; Hebreos 6:18)
- Fidelidad (Deuteronomio 7:9; 1 Corintios 1:9; Hebreos 10:23; Apocalipsis 18:11b,13b)
- Perdón (Lucas 23:34)
- Paciencia (Filipenses 2.8; Hebreos 12:2; 2 Pedro 3:8,9)

¿Cómo nos hacemos copartícipes de la naturaleza divina?

- Creer y aplicar las maravillosas promesas de Dios (Hebreos 11:6; 2 Pedro 1:4; 1 Juan 2:15-17)
- Nacer de nuevo (Juan 3:5-7; 2 Corintios 5:17)
- Llevar una vida de santidad (Hebreos 12:10b,14; 1 Pedro 1:16)
- Permanecer en Cristo (1 Juan 2:28; Colosenses 1:27b)
- Perdonar (Efesios 4:32; Mateo 6:12)
- Ser fiel – un fruto del Espíritu (Gálatas 5:22b)

- Ser paciente (Santiago 5:7,8)
- Perseverar (Hebreos 3:14; Apocalipsis 2:10)
- Cuando creemos en Cristo y lo recibimos nos hacemos hijos de Dios (Juan 1:12; Romanos 8:14)

Como hijos, nos hacemos coherederos del eterno y sin límite reino de Dios (Romanos 8:17; Apocalipsis 21:7). Si somos fieles, al final de nuestra vida oiremos decir a nuestro Señor: "Bien, buen siervo y fiel...entra en el gozo de tu señor" (Mateo 25:21).

SER COMO CRISTO

Introducción:

Hoy se da gran énfasis a ser ejemplos, modelos de comportamiento. Enseñar el buen comportamiento con el ejemplo es más eficaz que enseñarlo con teoría solamente. La dificultad se presenta cuando buscamos modelos de buen comportamiento.

Jesucristo es el ejemplo modelo de todos los tiempos. Veamos algunas de las razones:

1. Su vida sin pecado (Hebreos 4:15)
2. Su vida de buenas obras (Hechos 10:38)
3. Él sanó corazones destrozados y cuerpos enfermos (Lucas 4:18)
4. Él tenía un compasivo ministerio de tres partes (Mateo 9:35,36)
5. Él amaba a sus discípulos (Juan 15:9)
6. Él amaba a los que todavía estaban en pecado (Juan 13:34,35; Romanos 5:7,8)
7. Él amaba hasta a sus enemigos (Lucas 23:34)
8. Él amaba al mundo (Juan 3:16)
   - Debemos seguir su ejemplo en medio de la persecución (1 Pedro 2:21-23)
   - Debemos imitar su vida de oración (Lucas 6:12)
   - Debemos imitarlo en el sacrificio de sí mismo (Salmo 45:8; 2 Corintios 8:9)
   - Debemos continuar su obra con el Espíritu y el poder que Él nos ha dado (Juan 9:4; Mateo 28:18-20)
   - Debemos mantener nuestros ojos puestos en Jesús, nuestro ejemplo (Hebreos 12:2)

Siempre recordemos que no somos salvos por sólo seguir su

ejemplo (Efesios 2:8). Somos salvos por su muerte expiatoria. Una vez hayamos aceptado su sacrificio por nuestros pecados, y nos hayamos convertido en hijos de Dios, seremos sus seguidores, sus discípulos, y Él se convertirá en nuestro mentor.

Recordemos que nosotros también somos mentores, ejemplos. La gente nos sigue, a nosotros y nuestro ejemplo, ya sea bueno o malo. El apóstol Pablo escribió a los corintios: "Sed imitadores de mí, así como yo de Cristo" (1 Corintios 11:1). (Vea también Filipenses 3:17; 1 Timoteo 4:12.)

Un día seremos como Él (1 Juan 3:1,2). Podemos decir como David: "Estaré satisfecho cuando despierte a tu semejanza" (Salmo 17:15).

LA BELLEZA

La belleza es de gran preocupación para millones de personas. Cada año se gastan billones de dólares en cosméticos. Después de todo, ¿qué es belleza? Dicen que la "belleza está en los ojos del que la contempla". Hay una tribu en África que consideran bello un cuello largo en extremo. Otra tribu admira un labio inferior que ha sido grandemente extendido. Otro dicho nos dice: "La belleza no pasa de la piel". Todos nos damos cuenta del hecho de que un accidente de automóvil podría borrar para siempre la belleza de un rostro.

Nuestra preocupación debe ser con lo que es bello ante nuestro Creador. Eclesiastés 3:11 nos dice que Dios hizo todo bello en su tiempo.

El criterio que Dios tiene para la belleza no es externo sino interno. Se nos dice que un espíritu afable y apacible es muy precioso ante Dios (1 Pedro 3:3,4).

La santidad es una característica importante de nuestro Dios. Dios es glorioso en santidad (Exodo 15:11; Isaías 6:3). La Biblia habla de la belleza de la santidad (1 Crónicas 16:29; Salmo 29:2; 96:9).

La santidad adorna la casa de Dios (Salmo 93:5) y su doctrina (Tito 2:10).

Podemos ver la belleza del Señor cuando permanecemos en su presencia (Salmo 27:4).

Los que esparcen las Buenas Nuevas son bellos para Dios (Isaías 52:7).

Aunque muchas de nuestras ambiciones pueden quemarse

cuando nos rendimos al Señor, Dios dará "gloria en lugar de ceniza" (Isaías 61:3).

También se nos dice que "Jehová. . . hermoseará a los humildes" (Salmo 149:4).

La belleza física y la belleza del mundo son vanas (Proverbios 31:30).

Una novia se adorna para ser atractiva a su novio. El Señor va a venir por la Iglesia, la novia de Cristo. Él viene a buscar una novia sin "mancha ni arruga ni cosa semejante" (Efesios 5:26,27). Nuestra constante oración debe ser: "Sea la luz de Jehová nuestro Dios sobre nosotros" (Salmo 90:17).

¿QUÉ BUSCÁIS?

Introducción:

Después de su bautismo, después que Juan el Bautista proclamó: "He aquí el Cordero de Dios", dos de los discípulos de Juan que oyeron esta proclamación comenzaron a seguir a Jesús. Él se volvió a ellos y dijo: "¿Qué buscáis?" (Juan 1:36-38).

Hacemos bien en hacernos la pregunta: "¿Qué es lo que buscamos en esta vida?" "¿Cuál es el objetivo principal en la vida?"

Algunas de las cosas que más se buscan son: Salud, placer, sostén, fama, libertad de necesidad, buenas relaciones, aceptación y amor. En cuanto a la fama, la Biblia nos enseña que no debemos buscar para sí la grandeza (Jeremías 45:5). También nos dice que, para ser importantes, es necesario ser un buen siervo (Mateo 23:11,12,25-27). El resto de las cosas que se mencionan se pueden encontrar en Cristo. Ante todo debemos buscarlo a Él.

Debemos buscar la santidad de Cristo (1 Corintios 1:30; Isaías 54:17).

Debemos buscar el reino de Dios (Mateo 6:33). Primero, que Él sea el Rey de nuestra vida y segundo, la extensión de su reino al hacer que los demás lo acepten como Señor y Rey.

Buscar agradarlo a Él (2 Timoteo 2:15). Lo agradamos cuando hacemos la obra que Él hizo cuando estaba en la tierra. Su propósito declarado era buscar y salvar lo que se había perdido.

¿Cuándo debemos buscarlo?

Buscarlo temprano (Salmo 63:1). Debemos buscarlo mientras pueda ser hallado (Isaías 55:6)

¿Cómo hemos de buscarlo?

Buscarlo de todo corazón (Jeremías 29:13)

Ante todo, buscar conocerlo a Él, a quien conocer es tener vida eterna (Juan 17:3)

Pescadores de hombres

Introducción:

Andaba Jesús junto al Mar de Galilea cuando se encontró con dos pescadores, Simón Pedro y Andrés. Les habló y les dijo: "Venid en pos de mí, y os haré pescadores de hombres" (Mateo 4:18,19).

Un gran error que comete la iglesia es esperar que el predicador lo haga todo. No todos pueden predicar, ni ejercer los dones de sanidad milagrosa, pero todos pueden pescar. Una preparación universitaria o estudios en un seminario teológico no son requisitos para poder pescar. Hasta los niños pueden pescar. Es muy emocionante pescar un pez de buen tamaño, pero ninguna emoción se compara con la de ganar a un alma para Cristo.

Para ser buen pescador es necesario poseer bastante sentido común y conocimiento de su trabajo. El trabajo es duro, uno se ve expuesto a los elementos y pierde mucho sueño.

Hay dos maneras de pescar, con una red o con un anzuelo. Los pescadores usan ambos métodos. Usan redes con malla de diferentes tamaños según la clase de pez que quieren pescar.

El Día de Pentecostés Pedro usó el "método de red" y 3.000 almas vinieron al Señor. Jesús usó el "método de anzuelo" como, por ejemplo, cuando habló con la mujer samaritana (Juan 4). Felipe el evangelista usó el "método de red" en Samaria, y luego el "anzuelo" con el eunuco etíope (Hechos 8).

Nunca podremos saber cuántas más almas se pueden ganar al llevar a un alma a Cristo (v.g., la mujer samaritana se ganó a todo su pueblo; el eunuco etíope fue el comienzo de la

Iglesia Cóptica; piense en los miles que han llegado a Cristo a través de los siglos, y la iglesia todavía existe hoy). Jesús nos dirá dónde, cuándo y cómo pescar.

¿Dónde?

No podemos esperar que los peces lleguen a nosotros. Debemos ir adonde se encuentran. Hay fletes pescadores modernos que emplean un avión pequeño para localizar bancos de peces. Luego éstos comunican su posición por medio de radio. Si nos mantenemos en contacto con el cielo, Cristo dirigirá nuestros esfuerzos y serán mucho más eficaces.

¿Cuándo?

Después de trabajar toda la noche sin pescar nada, a la palabra del Señor, Pedro y los que estaban con él lograron una milagrosa pesca (Lucas 5:4-11).

¿Cómo?

Ya hemos mencionado a Felipe y al eunuco etíope. Tuvieron que dejar sus redes. El texto con las palabras de Jesús en realidad quiere decir: "Yo haré que se conviertan en pescadores de hombres". Él nos enseñará cómo pescar. Es necesario que usemos carnada que atraiga a los peces. Dale Carnegie dijo que a él le gustaban las fresas con crema, pero que por alguna razón que él no comprendía, los peces prefieren las lombrices. Así que cuando él escogía su carnada para ir de pesca, no pensaba en lo que le gustaba a él, sino en lo que les gustaba a los peces. Debemos demostrar a la gente por qué deben desear ser cristianos. Cristo puede subsanar todas sus necesidades.

Remendar las redes:

Los pescadores profesionales examinan sus redes todos los días para ver si tienen hoyos por los que los peces se pudieran escapar. Luego remiendan sus redes. Después que ganamos almas para Cristo, ¿se le escapan al Señor? Si es así, ¿por qué? ¿Estamos remendando nuestras redes?

Todos pueden pescar, pero no todos pescan. John Hyde, un misionero en India que se ganó el mote de "Hyde el que ora", intercedía por las almas y pudo ganarse un alma al día durante un año. El año siguiente se ganó dos almas al día, y antes de morir se ganaba cuatro almas al día por medio de constante oración y esfuerzo.

Si usted ama a su país, si ama a sus compatriotas, si ama a su Señor, pídale, ruéguele, que lo haga pescador de hombres.

LA PRESENCIA DE DIOS

Una de las bendiciones más grandes de la religión cristiana es que podemos tener la verdadera presencia de Dios con nosotros. A Samuel Johnson, un santo ministro del pasado, se le preguntó cuál era el secreto de una vida santa. Él contestó: "Es una constante consciencia de la verdadera presencia de Cristo".

Cuando Jesús llamó a sus doce discípulos, el propósito que declaró fue: "para que estuviesen con él, y para enviarlos a predicar, y que tuviesen autoridad para sanar enfermedades y para echar fuera demonios" (Marcos 3:14,15).

Fíjese que primero debían estar "con él", luego Él los enviaría. El poder del Espíritu Santo fue recibido el Día de Pentecostés (Hechos 1:8) y fue demostrado de inmediato. Cuando el hombre cojo de nacimiento fue sanado, los religiosos del día se maravillaron del denuedo de Pedro y Juan. Vieron que no fue por medio de preparación ni por su educación, "les reconocían que habían estado con Jesús" (Hechos 4:13).

Este es el debido orden: Primero, pase tiempo con Jesús, absorba su misma naturaleza, luego salga a proclamar las Buenas Nuevas al mundo. Después, Él les dijo que no comenzaran su ministerio hasta que recibieran "poder desde lo alto" (Lucas 24:49).

Myer Pearlman, un convertido judío y un gran maestro de la Biblia, dio esta ilustración: Él había hecho un pedido de un texto luminoso. Cuando llegó la biblia, inmediatamente la llevó a un gabinete oscuro y abrió el paquete para verla brillar en la oscuridad. Para su desilución, ¡el texto no brilló! Fue al vendedor y le dijo que el texto no brillaba. La respuesta fue: "Para que el texto luminoso brille en la oscuridad, primero debe ser expuesto a la luz". Jesucristo es el Sol de justicia, la Luz del mundo. Él quiere resplandecer a través de nosotros, pero primero debemos pasar tiempo ante su presencia.

En la presencia del Señor hay "plenitud de gozo" (Salmo 16:11; Hechos 2:28).

Él ha prometido estar con nosotros cuando hacemos su voluntad (Mateo 28:20).

Él ha prometido no dejarnos ni desampararnos jamás (Hebreos 13:5).

En un momento crítico Él prometió a Moisés: "Mi presencia irá contigo" (Éxodo 33:14,15).

Dios el Padre, el Hijo y el Espíritu Santo morará dentro de nosotros (Juan 14:17,23).

Si Él, el que tiene todo el poder en el cielo y en la tierra, el que todo lo sabe y está presente en todo lugar, está con nosotros, ¿a qué podemos temer? "Si Dios es por nosotros, ¿quién contra nosotros?" (Romanos 8:31).

En el salmo de arrepentimiento de David él ruega a Dios: "No me eches de delante de ti, y no quites de mí tu santo Espíritu" (Salmo 51:11). Él recordaba que Dios una vez había ungido a Saúl, y por la desobediencia de Saúl había quitado su Espíritu de él. Dios perdonó a David. Fue restaurado y usado por Dios, aunque las cicatrices de su pecado permanecieron.

Fortaleza y bendición se pueden encontrar en la alabanza unidad. Jesús dijo: "Porque donde están dos o tres congregados en mi nombre, allí estoy yo en medio de ellos" (Mateo 18:20).

Sigamos enforzándonos para "practicar la presencia de Cristo".

DOS HOMBRES A QUIENES DIOS LLAMA NECIOS

Nadie quiere ser llamado necio. Mucho depende de quién lo dice. Si Dios llama necio a alguien, no es en broma. Lo dice en serio, y tiene absoluta razón. En Salmo 14:1 Dios dice: "Dice el necio en su corazón: No hay Dios".

Veamos alguna de la abundante evidencia de la existencia de Dios.

a) La creación del mundo. No siempre ha existido. ¿Cuál fue su primer causa? ¿Cómo se explica la rotación de la tierra y su relación con los otros cuerpos celestes? Arthur Brisbane, comentando sobre el edificio Empire State, dijo: "Supongamos que hay un grillo en el edificio Empire State, revisándolo todo. Finalmente chilla: '¡Creo que alguien debe estar controlando esta cosa!' Si una persona observara un barco transatlántico y dijera: 'Nadie construyó este barco. Simplemente sucedió'. ¿No pensaríamos que este hombre era un necio?"

b) La creación del hombre: Nuestros maravillosos cuerpos – ojos, oídos, sentido de balance, circulación de la sangre, etc. Podemos decir con certidumbre: "formidables, maravillosas son tus obras".

c) La Biblia. Su divina inspiración, su milagrosa preservación, e inmensa circulación prueban su relevancia para todos los hombres, pasados y presentes. Su registro histórico es correcto, y sus enseñanzas han radicalmente mejorado a millones de vidas. ¿Puede cualquier otro libro hacer eso?

d) La creencia universal en la existencia de Dios pone la obligación de probarlo en los que niegan su existencia. Piense en el inmenso conocimiento que la persona tendría que adquirir para poder decir: "No hay Dios". Tendría que decir que conoce a todo hombre, mujer y niño en el mundo, y que ninguno de ellos jamás ha tenido contacto con Dios. Ciertamente sería una tontería decir esto. Personas así están en declive por estos tiempos, pero hay otra clase que el mismo Señor menciona.

En Lucas 12:20 se nos dice de un rico agricultor que no tomaba a Dios en cuenta en ninguno de sus planes. Estaba mucho más interesado en las cosas terrenales que en las eternas. Había malinterpretado los criterios para sus valores. No negaba la existencia de Dios, pero se comportaba como si Dios no existiera. Era lo que nosotros llamaríamos un "ateo práctico". Esta es la clase más numerosa. Este hombre pensaba vivir por muchos años para comer, beber y alegrarse. Pero Dios le dijo: "Necio, esta noche vienen a pedirte tu alma, y lo que has provisto, ¿de quién será?" Pasa a decir: "Así es el que hace para sí tesoro, y no es rico para con Dios".

Jim Elliott, el misionero que dio su vida para el Señor en Ecuador, dijo: "No es necio el que da lo que no puede retener para ganar lo que no puede perder." El que sabe que Dios existe y se niega a buscarlo, a reconocerlo, a darle el lugar que por derecho le pertenece, es aun más necio que el que duda sinceramente de su existencia. "Porque ¿qué aprovechará al hombre si ganare todo el mundo, y perdiere su alma?" (Marcos 8:36).

Si Dios le dijera a usted: "Esta noche vienen a pedirte tu alma", ¿cuál sería su respuesta?

LAS ORACIONES DE LOS DISCÍPULOS

La oración es nuestra manera de comunicarnos con Dios. Necesitamos saber cómo comunicarnos con éxito y que nuestras oraciones sean contestadas. Para poder hacer esto, consideremos tres de las peticiones de los discípulos, los que estuvieron más cerca de nuestro Señor durante su estadía en la tierra. Ellos deben saber mejor que nadie más qué se ha de pedir al Señor.

Primero, notemos algunas de las cosas que no pidieron: No pidieron riquezas, larga vida ni estar libres de pruebas y persecusión.

En Juan 14:8 uno de los discípulos pidió a Jesús que le mostrara al Padre. Jesús contestó: "El que me ha visto a mí, ha visto al Padre" (v. 9). Colosenses 1:15, hablando de Cristo dice: "El es la imagen del Dios invisible". Para poder conocer al Padre, es necesario que conozcamos a Jesús y que lo conozcamos bien. Se nos dice que debemos crecer "en la gracia y el conocimiento de nuestro Señor y Salvador Jesucristo" (2 Pedro 3:18). Lo conocemos mejor cuando permanecemos en Él. Él nos da este privilegio y el resultado es la oración contestada (Juan 15:7).

"Enséñanos a orar" pidieron los discípulos al Señor (Lucas 11:1b). Por toda la Biblia hay lecciones sobre la oración. No hemos de orar con egoísmo (Santiago 4:3), sino orar como Elías (Santiago 5:17,18; Cf. 1 Reyes 18:36b).

Jesús dio un ejemplo de cómo orar. Hemos de orar ante todo que su nombre sea exaltado (Mateo 6:9) y que sea hecha la voluntad de Dios (v. 10). Es muy importante que pidamos según la voluntad de Dios. Si lo hacemos, Él oirá y contestará nuestras oraciones (1 Juan 5:14,15). El Espíritu Santo nos guiará hacia lo que es la voluntad de Dios y nos ayudará en nuestras oraciones (Romanos 8:27). Nadie conoce la voluntad de Dios mejor que Él.

Otra petición de los discípulos fue: "Auméntanos la fe" (Lucas 17:5). El apóstol Pablo nos dice: "La fe es por el oír, y el oír, por la palabra de Dios" (Romanos 10:17). La Palabra de Dios revela su voluntad. Cuando nos saturemos de su Palabra, nuestra fe aumentará y el Señor dice: "nada os será imposible" (Mateo 17:20).

La Palabra de Dios declara: "Y esta es la victoria que ha vencido al mundo, nuestra fe" (1 Juan 5:4b). Con estas cosas en mente, sigamos adelante, armados con la espada del Espíritu que es la Palabra de Dios, y el escudo de la fe, para conquistar para Cristo.

¿QUÉ ES SU VIDA?

(SANTIAGO 4:14)

La vida es un misterio. ¿Qué es? ¿De dónde viene? ¿Es eterna? La Biblia habla de la vida eterna y de la muerte eterna. La ciencia dice que nada puede ser aniquilado, que sólo cambia de forma.

La vida sólo puede proceder de la vida antecedente. Dios es su fuente. La vida es lo más precioso que usted posee.

Todos se interesan por saber su futuro. Muchos consultan con gitanos, espíritus, adivinadores, para tratar de saber lo que les espera.

Primero consideremos la brevedad de la vida (1 Crónicas 29:9; Salmo 90:10; Santiago 4:13-17). Considerando la brevedad de la vida, los filósofos se preguntan: "¿Cuál es el bien mayor que se debe buscar en la vida?"

¿Cuál es el propósito principal?

¿Es sólo comer para tener fuerza para trabajar para poder comer otra vez, etc.? (Mateo 6:25,33; Salmo 90:4,10-12; Proverbios 1:7). Una definición en el catecismo declara: "El objeto principal del hombre es glorificar a Dios, y gozarse en Él para siempre".

¿Qué es su vida?

Veamos el pasado, el presente y el futuro.

1. Los hijos de Dios
   a) Pasado: Todos éramos pecadores (Romanos 3:23); Dios nos amó (Juan 3:16); Cristo murió por nosotros (Romanos 5:9); estábamos en oscuridad (1 Pedro 2:9).
   b) Presente: Ninguna condenación (Romanos 8:1); Paz con Dios (Romanos 5:1); limpios (1 Corintios 6:9-11); hijos de Dios (1 Juan 3:2); copartícipes de la divina naturaleza (2 Pedro 1:4); herederos de Dios

(Romanos 8:16,17); poseedores actuales de vida eterna (1 Juan 5:11,12; Juan 3:36)

   c) Futuro: Compartiremos de su revelación (Colosenses 3:4); seremos como Él (1 Juan 3:2); estaremos con Él para siempre (1 Tesalonicenses 4:17).

2. Los incrédulos

   a) Pasado: Todos hemos pecado (Romanos 3:23); la paga del pecado es muerte (Romanos 6:23).

   b) Presente: La vida carece de significado. No hay propósito ni objetivo. Cf. Salomón en Eclesiastés "Todo es vanidad." Bajo condenación (Juan 3:17-21); esclavos del pecado (Juan 8:34); con corazones endurecidos (Salmo 95:6-8).

   c) Futuro: Recibirán la paga de su pecado, que es la muerte. Esto puede ser repentino, (Proverbios 29:1), pero es seguro e inevitable, y después de eso el juicio (Hebreos 9:27). El destino final, el lago de fuego (Apocalipsis 21:8; 20:15).

Su vida puede ser cambiada.

Usted también puede ser hijo de Dios...¡ahora! Su vida puede tener significado, propósito, valer la pena. Usted puede tener el gozo del Señor ahora y un glorioso futuro. Cristo vino a esta tierra para buscar y salvar a los perdidos (Lucas 19:10). Ahora es el momento de aceptar el don de Dios de vida eterna (1 Corintios 6:2).

LAS BUENAS OBRA
(EFESIOS 2:10)

Existe una muy difundida opinión de que si sus buenas obras sobrepasan sus malas obras, usted podrá irse al cielo. Esto no es lo que dice el Señor. Él es el dueño del cielo y tiene derecho de decir quién entrará y quién no entrará. En oposición a esta creencia quizás muchas iglesias evangélicas se han ido al extremo opuesto, predicando la salvación por fe solamente y descuidando las buenas obras.

La enseñanza bíblica es que somos salvos por gracia, por fe y por don de Dios, y no por obras, para que nadie se gloríe. (Vea Efesios 2:8,9.) Sin embargo, el próximo versículo nos dice: "Somos...creados en Cristo Jesús para buenas obras, las cuales Dios preparó de antemano para que anduviésemos en ellas".

El apóstol Santiago nos dice que demostramos nuestra fe con nuestras obras (Santiago 2:18b). Él también dice: "Porque como el cuerpo sin espíritu está muerto, así también la fe sin obras está muerta" (v. 26).

- Las buenas obras son visibles y glorifican a Dios (Mateo 5:16).
- Con las buenas obras guardamos tesoro en el cielo (Mateo 6:20,21).
- Vencemos el mal con el bien (Romanos 12:21).
- Debemos ser celosos de nuestras buenas obras (Tito 2:14b).
- Hemos de mantener las buenas obras (Tito 3:14).
- No debemos descuidar las buenas obras (Tito 2:8).
- Los ministros deben dar buen ejemplo (Tito 2:7).
- Debemos tratar de abundar en las buenas obras (1 Timoteo 6:18).

¿De qué clase de buenas obras estamos hablando? a) a los

ministros: subsanar necesidades urgentes (Tito 3:14); b) a todos los hombres, especialmente a los creyentes (Gálatas 6:10); c) a los que están en necesidad (1 Juan 3:16-18).

Jesús describió las buenas obras en Mateo capítulo 25: Alimentar a los que tienen hambre, dar agua a los que tienen sed (v.g., excavar pozos en India y Africa), ayudar a los desconocidos, vestir a los desnudos, visitar a los enfermos, visitar a los presos. Él dice que cuando hacemos esto a los más pequeños, lo hacemos a Él. Algunas de las iglesias con más rápido crecimiento hoy son las que "buscan una necesidad y tratan de subsanarla".

La Iglesia Cristiana no se forma a base de fuerza, sino a base de amor (Juan 13:36). El amor se demuestra con los hechos. Si de verdad amamos a la gente querremos ayudarles en su necesidad (1 Juan 3:16-18).

El cristiano nacido de nuevo no tendrá que enfrentarse con el juicio que espera a los pecadores, sino que tendrá un juicio de obras, o recompensas (1 Corintios 3:13-15). Que "en su venida no nos alejemos de él avergonzados" (1 Juan 2:28).

HACEDORES DE LA VOLUNTAD DE DIOS

"VENGA TU REINO. HÁGASE TU VOLUNTAD, COMO EN EL CIELO, ASÍ TAMBIÉN EN LA TIERRA" (MATEO 6:10).

Esta fue la oración de nuestro Señor y Salvador, la oración que enseñó a sus seguidores. En el cielo no hay pecado, ni desobediencia, ni rebelión, ni nada que corrompa. ¡Qué lugar tan maravilloso sería este mundo si todo se hiciera según su voluntad! No habría más dolor de corazón, ni lágrimas, ni robos, ni asesinatos, ni ninguna clase de crimen. ¡Sería un cielo terrenal!

Si Jesús oró que se hiciera la voluntad del Padre, y dijo a sus seguidores que así oraran, nuestra mayor preocupación debe ser saber cuál es su voluntad y hacerla.

Dios ha revelado su voluntad a su pueblo. Esta revelación se encuentra tanto en el Antiguo como el Nuevo Testamento de la Santa Biblia. Muchas personas piden a Dios que revele su voluntad para cosas o actos específicos. Jamás debemos preguntar cuál es la voluntad de Dios para cosas específicas o personales al mismo tiempo que ignoramos su voluntad revelada. Hagamos su voluntad revelada, y Él dirigirá nuestras peticiones personales. Debemos desear hacer su voluntad para que Él revele su voluntad a nosotros (Juan 7:17).

- Jesús dio el supremo ejemplo de hacer la voluntad de Dios.
- Él no buscó su propia voluntad (Juan 5:30), aun hasta la muerte en la cruz (Juan 6:38).
- Jesús dijo: "He aquí que vengo, oh Dios, para hacer tu voluntad" (Hebreos 10:7).
- Él se sometió a la voluntad del Padre (Lucas 22:42).
- ¿Por qué es tan importante que sepamos cuál es y hagamos la voluntad de Dios? Sólo los que obedecen su voluntad entrarán en el reino de los cielos (Mateo 7:21).

Algunas de las cosas que Dios quiere para nosotros son como sigue:

- "Pues la voluntad de Dios es vuestra santificación" (1 Tesalonicenses 4:3; 1 Pedro 1:16).
- La santificación tiene dos aspectos: Separados del pecado, y separados para Dios.
- Es la voluntad de Dios que hagamos el bien (1 Pedro 2:15). Jesús dijo que la gente vería nuestras buenas obras y glorificaría a nuestro Padre en el cielo (Mateo 5:16).
- Algunas de las buenas obras que el Señor espera de nosotros se encuentran en Mateo capítulo 25. Es la voluntad de Dios que seamos hacedores de su Palabra, no oidores olvidadizos (Santiago 1:22-25).
- Al hacer su voluntad, seremos bendecidos (v. 25b).
- Si no hacemos la voluntad de Dios, nuestra fe es inútil (Santiago 2:17). Demostramos nuestra fe con nuestras obras (Santiago 2:18b).
- Pablo dijo a los efesios: "No seáis insensatos, sino entendidos de cuál sea la voluntad del Señor" (Efesios 5:17). Por los colosenses él oraba "que seáis llenos del conocimiento de su voluntad en toda sabiduría e inteligencia espiritual" (Colosenses 1:9).
- Oremos y hagamos todo esfuerzo para que "comprobéis cuál sea la buena voluntad de Dios, agradable y perfecta" (Romanos 12:2b).
- Siempre recordemos que "el que hace la voluntad de Dios permanece para siempre" (1 Juan 2:17b).

LA SABIDURÍA
(PROVERBIOS 1:1-7)

El rey Salomón, al comienzo de su reinado, se sintió inadecuado y pidió a Dios sabiduría. Dios se alegró con su petición y contestó su oración. Se convirtió en el hombre más sabio de toda la tierra. En su libro de Proverbios dice: "Sabiduría ante todo; adquiere sabiduría; y sobre todas tus posesiones adquiere inteligencia" (4:7). También dijo: "Mejor es adquirir sabiduría que oro preciado; y adquirir inteligencia vale más que la plata" (Proverbios 16:16). Pero el oro y la plata, en otras palabras, el dinero, es lo que la vasta mayoría de la gente busca hoy.

La definición más sencilla de sabiduría es "conocimiento, rígidamente aplicado". La sabiduría está basada en el conocimiento, pero el conocimiento por sí solo no garantiza sabiduría. Pablo habla de los que "siempre están aprendiendo, y nunca pueden llegar al conocimiento de la verdad" (2 Timoteo 3:7). Hasta las naciones que van tras la verdad caen en torpe inmoralidad y decadencia, lo que lleva a la destrucción. La Palabra de Dios dice: "Los malos serán trasladados al Seol, todas las gentes que se olvidan de Dios" (Salmo 9:17). Se ha dicho que "¡aprendemos de la historia que no aprendemos nada de la historia!" Tristemente, esto con frecuencia es verdad.

Haríamos bien en preguntar: "¿Cuál es la verdadera sabiduría?" Dios, nuestro Creador, es la verdadera fuente de sabiduría. De nuevo vemos a Salomón que dice: "El temor de Jehová es el principio de la sabiduría, y el conocimiento del Santísimo es la inteligencia" (Proverbios 9:10). Las riquezas de la sabiduría de Dios son insondables (Romanos 11:33; Colosenses 2:3; Salmo 19:1-3).

Hay un bello capítulo en la Biblia en el que Job habla de buscar la sabiduría. Después de intensa búsqueda declara: "El temor del

Señor es la sabiduría, y el apartarse del mal, la inteligencia" (Job 28:28). Es un hecho sencillo de que si se le ha perdido algo, usted puede buscarlo con mucha diligencia, pero si no busca donde está el objeto perdido no lo encontrará.

La naturaleza de la sabiduría de Dios está descrita en Santiago 3:19. En contraste, la Palabra nos dice que la sabiduría de este mundo es insensatez para con Dios (1 Corintios 3:19).

¿Cómo logramos esta sabiduría? Santiago nos dice que si al hombre le falta sabiduría, debe pedírsela a Dios (Santiago 1:5). Siendo que la sabiduría está basada en el conocimiento, debemos esforzarnos por crecer en el conocimiento del Señor (2 Pedro 3:18). Esto se hace por medio de la Palabra de Dios y la oración.

La vida es corta. Es necesario que "redimamos el tiempo" y que nos apliquemos con ahínco a la búsqueda de la sabiduría y dirección de Dios para nuestra vida (Salmo 90:10-12).

"Si Jehová es Dios, seguidle"
(1 Reyes 18:21)

La nación de Israel se había descarriado. En vez de adorar y servir al Dios verdadero, se habían vuelto a los ídolos. Dios mandó a un profeta para desafiarlos. Elías les dijo que dejaran de vacilar y escogieran a quién iban a servir. Él hasta llegó a retarlos a que probaran a Dios. Si resultaba que Baal contestaba enviando fuego, y así ganaba la prueba, entonces lo servirían. Pero si Jehová probaba ser Dios al enviar fuego del cielo, entonces debían servirlo a Él. Dios ganó ¡y mandó el fuego! (1 Reyes 18:27-39). El pueblo clamó. "¡Jehová es el Dios, Jehová es el Dios!"

La vida está llena de decisiones. Tenemos que tomar decisiones todos los días. Algunas son sencillas y algunas son muy importantes, quizás que cambian la vida. La decisión más importante que usted jamás tendrá que tomar es dónde pasará la eternidad.

Jesús preguntó a sus discípulos: "¿Quién dice la gente que soy yo?" Su respuesta a esa pregunta determinará su destino eterno. ¿Es Él en realidad Dios hecho carne? Si así es, ciertamente debemos seguirlo.

Los discípulos creían en la deidad de Jesucristo, hasta el punto de dar su vida por esta verdad (Juan 16:15,16; 1 Juan 1:1-3).

Nicodemos se convenció de que Jesús venía de Dios por los milagros que hacía (Juan 3:2). Juan el Bautista testificó que Jesús era el Hijo de Dios (Juan 1:34). Jesús dijo que las obras que hacía (sus milagros) eran un testimonio más grande que el de Juan (Juan 5:36). Dios dijo que Jesús era su Hijo (Mateo 3:17; 17:5). De hecho hay una "tan grande nube de testigos", mientras que la ley exigía sólo dos o tres (Hebreos 12:1).

La resurrección de Cristo fue la prueba suprema (Romanos 1:4). No sólo se levantó de los muertos, Él vive y es un factor poderoso en el mundo hoy. En vista del hecho de que es el Hijo de Dios, ¿qué debemos hacer nosotros? "Seguidle". Esta fue la lógica conclusión de Elías. Siga su ejemplo de santidad, sacrificio de sí mismo, amor, buenas obras y devoción a su Padre Celestial. Siga el camino que Él nos ha trazado. Nos producirá una vida satisfactoria aquí en la tierra, y nos llevará a la vida eterna y las bendiciones en el cielo.

LA PREGUNTA MÁS IMPORTANTE

Se nos presentan constantemente preguntas, algunas de poca consecuencia, y otras cuya respuesta afectará todo nuestro futuro, y hasta determinará nuestro destino eterno. Hoy lo invito a que considere la que quizás sea la pregunta más grande que jamás se le hará. Jesús preguntó a los fariseos, que habían estado tratando de atraparlo con preguntas, "¿Qué pensáis del Cristo? ¿De quién es hijo?" (Mateo 22:41,42). De aquí a menos de 100 años probablemente importará muy poco lo que usted piensa de George Washington, Benito Mussolini, Adolfo Hitler, o F.D. Roosevelt, pero será extremadamente importante lo que piensa de Jesucristo.

¿Quién era Jesucristo?

Su impacto en el mundo no se puede negar. Hasta nuestro calendario data desde su nacimiento. En sus reflexiones mientras estaba en la isla de su exilio, se dice que Napoleón dijo: "César, Carlomagno, y yo hemos establecido imperios a base de la fuerza. Todos han perecido. Jesucristo estableció su reino a base del amor, y hoy hay millones que morirían por Él".

Muchos se contentan con creer que Él fue sólo un gran maestro y un buen hombre. Quieren ignorar la pregunta sobre si era o no lo que decía ser, el Hijo de Dios. Veamos los hechos: Si Jesús dijo ser el Hijo de Dios (Juan 10:30) y no lo era, era un impostor. Si era un impostor, no podemos creer su Palabra, sus promesas. En este caso la fe cristiana sería inservible. Acusado ante la muerte, cuando se le preguntó si era el Hijo de Dios, contestó afirmativamente (Mateo 26:63,64). Continuamente se refería a Dios como su Padre.

¿Qué pensaban de Él algunos de los de su tiempo?

- Juan el Bautista: "Y yo le vi, y he dado testimonio de que éste es el Hijo de Dios"(Juan 1:34).
- Pedro: "Tú eres el Cristo, el Hijo del Dios viviente"(Mateo 16:16).
- Natanael: "Tú eres el Hijo de Dios; tú eres el Rey de Israel"(Juan 1:49).
- Marcos: Al comienzo de su evangelio declara: "Principio del evangelio de Jesucristo, Hijo de Dios" (Marcos 1:1).
- Marta, la hermana de Lázaro, dijo: "Sí, Señor; yo he creído que tú eres el Cristo, el Hijo de Dios, que has venido al mundo" (Juan 11:27).
- Los discípulos: "Verdaderamente eres Hijo de Dios" (Mateo 14:33; Juan 6:69).
- Los samaritanos: "Sabemos que verdaderamente éste es el Salvador del mundo, el Cristo" (Juan 4:42).
- Hasta los demonios reconocían a Jesús por quién era (Lucas 4:41, cf. Mateo 8:28; Hechos 19:15).

Una de las grandes pruebas de la deidad de Cristo es el hecho de que los que mejor lo conocían creyeron en su divinad hasta el punto en que estuvieron dispuestos a morir antes que renunciar a su fe.

Pablo dijo de Jesús que Él "fue declarado Hijo de Dios…por la resurrección de entre los muertos" (Romanos 1:4). Él admitió que si Cristo no se hubiera levantado de entre los muertos nuestra fe sería en vano. Pero él constantemente predicaba a todo el que oyera al Cristo Resucitado.

La iglesia cristiana hoy, la ferviente fe de los seguidores de Cristo y las respuestas a la oración, serían muy difíciles de explicar si Jesucristo no fuera el Hijo de Dios.

Ahora la pregunta más importante: "¿Qué cree usted de Jesús?"

Si en realidad Él es el Hijo de Dios, sus instrucciones sobre cómo obtener la vida eterna, y lo que sucede a los que no aceptan su plan son de suma importancia. Jesús luego preguntó a sus discípulos: "¿Queréis acaso iros también vosotros?" A lo que Pedro respondió: "Señor, ¿a quién iremos? Tú tienes palabras de vida eterna" (Juan 6:67,68).

¿Cómo contesta usted esta pregunta? ¿Qué cree usted de Jesús? No puede evadir la pregunta. Debe ser contestada. Dejar la pregunta sin contestar equivale a negar que Jesús es el Cristo, el Hijo de Dios y el Salvador del mundo. Por otro lado, la Palabra de Dios nos dice: "Si confesares con tu boca que Jesús es el Señor, y creyeres en tu corazón que Dios le levantó de los muertos, serás salvo" (Romanos 10:9). ¡Dé la respuesta correcta hoy!

"¿QUÉ DEBO HACER PARA SER SALVO?"

(HECHOS 16:30)

Si el alma del hombre es eterna, ¿qué provisión se puede y se debe hacer para la próxima vida? La Palabra de Dios enseña que hay dos lugares donde el alma irá al partir de esta vida: al cielo o al infierno. El cielo es un lugar de completo gozo; el infierno es un lugar de castigo y eterna separación de Dios.

El pecado evita la entrada al cielo (Apocalipsis 21:27), y todos hemos pecado (Romanos 3:23). Gracias a Dios que ha hecho posible que recibamos perdón por nuestros pecados y que recibamos vida eterna. Jesús se refirió a esta experiencia como "nacer de nuevo" (Juan 3:3-7). Él subrayó la necesidad de nacer de nuevo al decir "Os es necesario nacer de nuevo" (v. 7).

Por lo regular nos referimos a esto como "salvación". El erudito bíblico C. I. Scofield llama la palabra "salvación" "la gran inclusiva palabra del evangelio". Él dice: "Tanto la palabra hebrea como la griega para 'salvación' implican las ideas de redención, seguridad, preservación, sanidad y solidez" (véase la nota sobre Romanos 1:16).

La preguntas que siguen naturalmente son: "¿Para quién es la salvación?" y "¿Cómo podemos ser salvos?" La salvación ha sido dada a toda la humanidad (Lucas 10:11; Juan 3:16; Romanos 1:16). Se obtiene no por obras, sino por gracia (Efesios 2:8,9). No es sencillamente 'enmendarse' o 'unirse a una iglesia'. La respuesta es: "Cree en el Señor Jesucristo, y serás salvo" (Hechos 16:31; cf. Romanos 10:9).

Creer en Cristo es más que un simple asentimiento mental con el hecho de que Él vivió. Quiere decir que creemos lo que Él nos ha dicho sobre nuestra vida, presente y futura. Creemos que Él perdona nuestros pecados cuando nos arrepentimos con sinceridad, y que nos da la vida, su vida, que por su misma naturaleza es eterna (1 Juan 5:11,12).

El arrepentimiento es necesario. Esto quiere decir dolerse por haber pecado, y no pecar más (Marcos 1:15b; Lucas 13:3; Hechos 3:19). Es necesario que confesemos a Dios nuestros pecados con la completa seguridad de que Él es fiel para perdonarnos y limpiarnos de pecado (1 Juan 1:9).

Recuerde, Dios quiere salvar (Juan 3:16; 1 Timoteo 2:3-6; 2 Pedro 3:9).

Esta salvación es gratis, Él pagó su precio. Los requisitos son arrepentimiento y fe. Esto es algo que todos podemos hacer, ricos o pobres, sabios o ignorantes. Todos podemos recibir este perdón y esta vida eterna. ¿Ha recibido usted esta salvación? Jesús mismo hizo la pregunta: "¿Qué aprovechará al hombre si ganare todo el mundo, y perdiere su alma?" (Marcos 8:36).

¿Cómo puedo saber si soy salvo?

Hay ciertas cosas en las que podemos equivocarnos sin ninguna consecuencia severa. La eterna salvación de nuestra alma es lo más importante en la vida. ¡Sus consecuencias son eternas! Muchos creen que no se puede saber con seguridad si uno es salvo o no hasta que muere. ¡Eso es demasiado tarde!

Hay otra enseñanza que dice que hay pecados que se deben expiar después de la muerte en un lugar llamado Purgatorio. En primer lugar, la Biblia nunca menciona la existencia de dicho lugar. Si esto fuera verdad, querría decir que el sacrificio de Cristo en la cruz no fue suficiente. Cuando Él murió dijo: "Consumado es" (Juan 19:30). La Biblia también dice que la sangre de Jesucristo, el Hijo de Dios, limpia de todo pecado (1 Juan 1:7).

La Biblia presenta claramente una salvación de "tiempo presente". Podemos tener completa seguridad de que somos salvos ahora. Veamos lo que Dios dice de este asunto. ¡Si Dios lo dice yo lo creo!

En la obra de salvación hay dos partes: La de Dios y la nuestra. En 1 Juan 1:9 se nos dice que si confesamos nuestros pecados a Él (nuestra parte), Él nos limpiará (su parte). Si hacemos nuestra parte con sinceridad, "El es fiel", podemos contar con que Él hará su parte.

Al carcelero filipense se le dijo: "Cree en el Señor Jesucristo, y serás salvo" (Hechos 16:31). En Romanos 10:9,10 se nos dice que si creemos en nuestro corazón que Cristo se levantó de entre los muertos y lo comunicamos a los demás, seremos salvos.

Hay evidencias tanto internas como externas del cambio que trae la salvación.

Primero, veamos algunas de las evidencias internas.

a) El Espíritu mismo da testimonio a nuestro espíritu de que somos hijos de Dios (Romanos 8:16)

b) Hay un cambio de apetito y deseos (2 Corintios 5:17)

c) Hay un amor para el pueblo de Dios (Juan 13:35; 1 Juan 3:15)

Segundo, algunas de las evidencias externas son:

a) No sentir ninguna condenación (Romanos 8:1; Salmo 103:12)

b) Paz con Dios (Romanos 5:1)

c) Una vida cambiada (2 Corintios 5:17) Cf. la experiencia de Pablo

El enemigo tratará de hacer que dude de su salvación. Confróntelo con estos pasajes de la Palabra de Dios: Juan 1:11,12; 3:36, 5:24; 6:47; y 1 Juan 3:1,2. Fíjese que todos están en el tiempo presente. Tenemos salvación ahora, ¡gloria al Señor! ¡Y nos esperan cosas aún más grandes!

Ser salvo no quiere decir que somos perfectos. Dios todavía está obrando en nosotros, pero podemos confiar en que "el que comenzó en vosotros la buena obra, la perfeccionará hasta el día de Jesucristo" (Filipenses 1:6).

LA DINÁMICA DEL EVANGELIO

Todo lo que se mueve tiene cierto tipo de poder para producir el movimiento. Nuestra moderna civilización depende de muchas fuentes de poder: eléctrico, vapor, petróleo, atómico, etc. El poder es esencial para cualquier empresa. La Iglesia no es diferente. Una iglesia sin poder está muerta, igual que un automóvil sin batería.

La expansión de la Iglesia cristiana en el primer siglo después de Cristo es un singular fenómeno histórico. A pesar de las limitaciones de no tener imprenta, radio, TV ni transportación rápida, y ante mucha oposición, este pequeño grupo de 120 creyentes en el aposento alto en Jerusalén el día de Pentecostés, creció en un solo siglo hasta llegar a ser un cuerpo de creyentes que se encuentra en prácticamente todo el imperio romano. Hoy el cristianismo se encuentra en prácticamente todos los países del mundo. Uno se ve obligado a preguntar: "¿Cuál es la dinámica detrás de un movimiento así?"

El apóstol Pablo, que tuvo mucho éxito en la evangelización y establecimiento de iglesias, dijo a los corintios: "El reino de Dios no consiste en palabras, sino en poder" (1 Corintios 4:20). Pablo era un hombre preparado. Lograba gran éxito dondequiera que predicaba. Las señales sobrenaturales, especialmente en la forma de sanidades milagrosas, acompañaban a su predicación del evangelio. Sin embargo, cuando ministró en Atenas usó alguna de la filosofía de ellos en su mensaje con mínimos resultados.

Después, escribiendo a la iglesia en Corinto, él dijo: "Así que, hermanos. . . no fui con excelencia de palabras o de sabiduría. Pues me propuse no saber entre vosotros cosa alguna sino a Jesucristo, y a éste crucificado". Luego pasa a decir: "Y ni mi palabra ni mi predicación fue con palabras persuasivas de humana sabiduría, sino con demostración del Espíritu y de poder, para que vuestra fe no esté fundada en la sabiduría de los hombres, sino en el poder de Dios" (Vea 1 Corintios 2:1-5).

Ya es tiempo que la Iglesia reconozca que no podemos hacer la obra de Dios sin el poder de Dios. No pedemos lidiar en la guerra espiritual con armas carnales.

Jesús prometió dar poder a sus representantes, poder sobre todo poder del enemigo (Lucas 10:19). Nuestra protección está incluida en esta promesa.

La fuente de este poder es el Espíritu Santo (Hechos 1:8). Su poder no tiene límite. Él levantó a Cristo de entre los muertos y da vida a nuestro cuerpo mortal (Romanos 8:11).

Especialmente importantes son los "dones" que el Espíritu Santo da a la Iglesia. Se nos dice que debemos procurar "los dones mejores" (1 Corintios 12:31). Son señales convincentes a los incrédulos y sirven para edificar a la Iglesia.

Jesús dijo a sus seguidores que no salieran a ministrar antes de recibir este "poder desde lo alto" (Lucas 24:49).

Jesús dijo que el Paracleto, el Espíritu Santo, vino a tomar su lugar. Él dijo que el Espíritu era otro como Él (Juan 14:16). Si Él es lo mismo que Cristo, Él hará las obras de Cristo a través de nosotros. Estas obras se necesitan desesperadamente hoy.

Esta dinámica, este poder del Espíritu santo, no era para una generación privilegiada de antaño. Note que el Señor dijo que Él estaría con nosotros para siempre (Juan 14:16b).

¡Que sigamos siendo llenos del Espíritu Santo para ser usados al máximo por Dios para la extensión del reino de Dios y la edificación de la Iglesia!

"VENID A MÍ"
(MATEO 11:28)

Esta es una de las invitaciones más grandes que se ha hecho a la humanidad. Jesús mismo, el Divino Hijo de Dios, el que tiene todo poder en el cielo y en la tierra, nos invita a venir directamente a Él. Es una invitación general a todo el que la acepte. Nuestra mayor necesidad es allegarnos a Jesús – unirnos a Él. Sin Él no podemos hacer nada; con Él podemos hacerlo todo.

Es de esperar que Satanás se oponga a todo esfuerzo que hagamos para llegar a Jesús. Él usará la oposición de los amigos y familiares, el desánimo, la desesperanza, el prejuicio, el orgullo, la religión de nuestros padres, el deseo de riquezas materiales o cualquier otro medio posible para que no lleguemos a Jesús. Nuestro estudio hoy se trata de vencer las dificultades para llegar al Señor.

Los siguientes son ejemplos bíblicos de los que vencieron obstáculos para poder llegar a Cristo:

1. La mujer con el flujo de sangre (Marcos 5:24-34) – había padecido por doce años, y había gastado todo lo que tenía en médicos y medicinas sin lograr mejoría, más bien había empeorado. Ella tuvo que vencer la desesperanza y, según la ley judía, era considerada "inmunda" y no debía ni siquiera estar entre la gente. Ella decidió llegar a Jesús a pesar de todo, creyendo que si tan sólo tocara su manto sería sanada. Ella llegó a Jesús y fue perfectamente sanada. (Cf. Marcos 6:56.)

2. El paralítico que tuvo que ser llevado a Jesús por sus amigos – las dificultades que se les presentaron y los drásticos medios que usaron para vencerlos (Lucas 5:17-26).

3. Zaqueo – aunque rico, era despreciado por su lealtad a Roma en colectar impuestos. Él tenía tanto deseo de ver a Jesús

que se adelantó a la muchedumbre y se subió a un árbol. El resultado: Fue un hombre cambiado (Lucas 19:1-10).

4. Natanael–era orgulloso y tenía fuertes prejuicios regionales (Juan 1:45-49).

5. La mujer samaritana–tuvo que vencer el prejuicio regional, la religión de sus padres y el orgullo (Juan 4:4-26). Los resultados: Juan 4:39-42.

6. El ciego Bartimeo–su humilde lugar en la sociedad (era mendigo) y la oposición de la gente (Marcos 10:46-52).

Uno que no prevaleció fue el joven rico (Marcos 10:17-22). El amor por las posesiones materiales hicieron que se alejara de Cristo. Demas fue otro que se apartó de Cristo porque amaba las cosas de este mundo (2 Timoteo 4:10).

Siendo que es Cristo mismo el que nos invita, no hay necesidad de buscar otro mediador ni otro medio. Él nos recibirá como el padre recibió al hijo pródigo (Lucas 15:20). Él está pasando por aquí. Venza toda barrera, y a toda costa acepte la invitación. Recuerde que la promesa de Dios es para el vencedor (Apocalipsis 21:7).

"PORQUE NO ME AVERGÜENZO...SOY DEUDOR...ESTOY LISTO"
(ROMANOS 1:14-16)

Estas son palabras del apóstol Pablo. Él hablaba de la salvación. Un erudito bíblico dijo: "Tanto en el hebreo como en el griego, la palabra 'salvación' conlleva la idea de 'redención, preservación, seguridad, sanidad, y solidez'".

Hay muchas personas hoy que básicamente creen en el evangelio, pero se avergüenzan de ponerse en pie y ser contados. Debemos ver el ejemplo de Pablo: Él había perdido sus bienes de este mundo y su prestigioso lugar en los círculos religiosos. Fue perseguido, con frecuencia encarcelado y padeció toda clase de dificultades. Después de todo esto, todavía pudo decir: "No me avergüenzo del evangelio (las Buenas Nuevas)".

No se avergonzaba porque el evangelio tiene poder. Hay muchas clases de poder en el mundo, pero el evangelio es el único poder para liberar del pecado. Puede transformar vidas, dar paz interior y una esperanza que da valentía ante los problemas de la vida. Por todo el mundo donde se predica el evangelio, borrachos, ladrones, los que golpean a la esposa, criminales y personas así han cambiado completamente su vida, y se han convertido en ciudadanos rectos, honorables. ¿Se avergonzaría usted de un poder como éste?

Otra ventaja del evangelio. . . es para "todo aquel que cree" (Romanos 1:16b). Esta condición para la salvación es una con la que todos pueden cumplir. (Vea Hechos 16:31.)

Pablo también dijo: "Soy deudor." ¿Qué quiso decir? Él es el que nos dijo en Romanos 13:8: "No debáis a nadie nada, sino el amaros unos a otros". ¿Cómo es que era deudor? En 1 Tesalonicenses 2:4 él dice que había sido confiado con el evangelio. Una confianza es algo que se le ha dado a una persona para guardar para otra. Mientras tenga en su posesión lo que pertenece a otro, usted es su deudor hasta ese punto.

El evangelio es para todos, pero no todos lo saben. No han oído. Pensaríamos que seguramente Pablo había pagado su deuda con todas las cosas que padeció (2 Corintios 11:23-39); el alcance de su labor (Romanos 15:19); y el éxito de su labor (Romanos 15:18,19). Si era deudor después de todo esto, ¿cuánto más somos nosotros deudores? Mientras haya personas que nunca han oído el evangelio, seremos sus deudores.

¿Qué se propuso hacer Pablo acerca de su deuda? Como cualquier persona sincera, haría lo mejor posible para pagar su deuda. Él dijo: "En cuanto a mí, pronto estoy a anunciaros el evangelio también a vosotros que estáis en Roma" (Romanos 1:15).

El mismo Señor Jesucristo ha comprado y ha pagado el precio de la salvación con su propia sangre. Antes de volver al cielo Él dio a sus seguidores la orden de llevar esta salvación a todo el mundo, de hecho, a toda criatura. Este mandamiento jamás ha sido abrogado ni cambiado de ninguna forma. Todavía está en efecto hoy. Somos deudores.

Reconozcamos nuestra responsabilidad hacia los millones que todavía no han oído el evangelio. Seamos sinceros y hagamos todo esfuerzo para pagar nuestra deuda.

El mandamiento es "Id". Se ha dicho que tres maneras en las que podemos ir son: Oración, bolsillo o en persona. Pregunte a Dios qué quiere Él que usted haga.

EL BAUTISMO EN AGUA
(MATEO 28:19)

En su último mandamiento, Jesús dijo a sus seguidores que llevaran el evangelio a todo el mundo y que hicieran discípulos. Debían bautizar en agua a estos conversos. Esta ha sido la práctica de las iglesias cristianas hasta el presente. Sin embargo, muchos no comprenden todo el significado del bautismo, y por qué se considera un sacramento cristiano.

Un diccionario bíblico define la palabra bautismo como: "La aplicación de agua como un rito de purificación, o limpieza; un sacramento cristiano". Los judíos no desconocían el bautismo. Ellos tenían varias ceremonias en las que "bautizaban" a los conversos al judaísmo, y hasta dedicaban cosas al servicio del templo.

Juan el Bautista fue el precursor de Jesurcristo. Su ministerio era preparar "el camino del Señor" (Lucas 3:4). Él instaba a las personas que se arrepintieran de sus pecados, y la gente corría a él para ser perdonados y bautizados en el río Jordán. Cuando el mismo Jesús llegó para ser bautizado, fue difícil para Juan entender por qué Él, el Cordero de Dios sin pecado, quería ser bautizado. Jesús simplemente dio el ejemplo que todos los creyentes han de seguir (Mateo 3:13-15).

¿Qué simboliza el bautismo? (Colosenses 2:10; Romanos 6:1-4)

a) Pasar a ser parte del cuerpo de Cristo
b) Muerte y sepultura al pecado y al mundo
c) Resurrección a una nueva vida en Cristo

El simbolismo de muerte, sepultura y resurrección se perdería mayormente si el bautismo no fuera por inmersión.

En muchas iglesias en diferentes partes del mundo, el bautismo en agua es el último paso para hacerse miembro de la iglesia. Ha sido llamado "una señal externa de una limpieza interna". Esta es una señal al mundo de que el bautizado definitivamente ha abrazado la fe cristiana.

¿Cuál es el método de bautismo? La palabra "bautizar" quiere decir "zambullir" o "sumergir".

Jesús fue bautizado en el río Jordán. El eunuco etíope y Felipe "descendieron ambos al agua" donde el eunuco fue batuizado, y luego "subieron del agua" (Hechos 8:38,39). Juan el Bautista también bautizaba en Enón "porque había allí muchas aguas" (Juan 3:23).

¿Quién debe ser bautizado?

El bautismo es para los creyentes que se han arrepentido de sus pecados. No es para los infantes, ni para los niños menores de la edad de responsabilidad o razonamiento (Marcos 1:15; Hechos 2:38,41; Mateo 3:5,6; Hechos 8:36,37; Hechos 16:30-33). El creyente ha de ser sumergido en el agua en el nombre del Padre, del Hijo y del Espíritu Santo (Mateo 28:19).

¿Por qué es importante el bautismo?

Primero, porque el Señor lo manda (Mateo 28:19). Si el Señor lo manda, debe ser importante. Segundo, hemos sido "revestidos" de Cristo (Gálatas 3:26,27). Tercero, tenemos "una buena conciencia hacia Dios" (1 Pedro 3:21).

Algunos creen que el bautismo es esencial para la salvación. Quizás haya algunas excepciones, como el ladrón en la cruz. Sin embargo, el Evangelio de Marcos nos dice: "El que creyere y fuere bautizado, será salvo" (Marcos 16:16). Sabiendo muy bien el mandamiento de Cristo, a mí ciertamente no me gustaría desobecerlo a propósito.

Tan pronto como Saulo de Tarso se convirtió, Ananías, quien lo llevó a Cristo, dijo: "Ahora, pues, ¿por qué te detienes? Levántate y bautízate, y lava tus pecados, invocando su nombre" (Hechos 22:16).

"GUARDAOS DE LA LEVADURA"
(MATEO 16:6)

Jesús hizo esta declaración a sus discípulos. ¡Qué raro! Es como decir: "¡Cuidado con la levadura!" ¿Qué puede significar? Al principio los discípulos creyeron que hablaba del pan. Después comprendieron que hablaba de la doctrina.

La levadura es una substancia que produce fermentación, por ejemplo en el pan o la cerveza. En la Biblia siempre se usa como símbolo de algo malo. El pan con levadura no se debía comer antes de la Pascua, bajo pena de muerte. Simbólicamente, debemos estar limpios de todo pecado para acercarnos a Dios por medio de Cristo, nuestro Cordero Pascual.

Tres medidas de harina (Mateo 13:33) probablemente representan las doctrinas erróneas introducidas sutilmente en la iglesia por el enemigo. Tres medidas de harina pueden representar las tres ramas del cristianismo: Católico romano, Ortodoxo griego y Protestante. El enemigo de nuestra alma trató de hacer por medio de esto lo que no pudo hacer con la persecución. Si no puede destruir a la iglesia, él quiere quitarle su poder espiritual y anular su testimonio. (Cf. cuando Delila le cortó el pelo a Sansón.)

En Marcos 8:15 están incluidos los herodianos. Ahora vemos tres grupos: Los saduceos, los fariseos y los herodianos. Estos grupos no existen hoy, pero como vemos en Mateo 16:12, es de la doctrina que debemos cuidarnos. Y eso ciertamente existe.

1. Saduceos: Los "modernistas" de su tiempo. Religiosos, muchos eran sacerdotes, tenían puestos de influencia y autoridad pero no creían en la resurrección, ni en los ángeles, ni en los espíritus. No creían en la vida después de la muerte, ni en nada sobrenatural. Es triste decirlo, pero ¡hay muchos saduceos hoy! ¡Tenga cuidado! Aunque

estas personas eran muy religiosas, estaban dispuestas a matar al Cristo si se entremetía en sus planes.

2. Herodianos: Un grupo político religioso. No se oponían activamente al gobierno romano...querían la "coexistencia pacífica". Eran seguidores de Herodes. Herodes el Grande, había construído un bello templo para los judíos que se tomó 40 años para eregir y fue muy costoso. Pero también había construído un templo de mármol blanco en Cesarea de Filipo que estaba dedicado a Augusto César, el emperador. Herodes era un hombre de pasiones violentas. Mató a su cuñado, a su esposa, a tres de sus hijos, a cuarenticinco miembros del Sanedrín y a muchos otros más. Se recuerda más por la matanza de los niños cuando Cristo nació. Usó a la iglesia para propósitos egoístas. En este respecto, hay muchos herodianos hoy.

3. Fariseos: Este era el grupo más respetado en los tiempos de Cristo. Eran muy estrictos en sus observancias religiosas, ortodoxos en su creencia, estrictos en la letra de la ley, pero ignoraban sus principios básicos. Ellos creían en lo sobrenatural, en los milagros, ¡pero todo en el pasado! Eran buenos diezmadores (¡muchos pastores se alegrarían de tenerlos como miembros de su iglesia!). La evaluación de Cristo fue: "Porque os digo que si vuestra justicia no fuere mayor que la de los escribas y fariseos, no entraréis en el reino de los cielos" (Mateo 5:20). ¿Por qué? Jesús dijo: "Este pueblo de labios me honra; mas su corazón está lejos de mí" (Mateo 15:8,9). La levadura de los fariseos es la hipocresía. ¡Dios odia la hipocresía! Fue el blanco de las represiones más fuertes del Señor. ¡Tenga cuidado! ¡Cuídese de toda forma de hipocresía!

Para resumir.

- La levadura de los saduceos – la incredulidad
- La levadura de los herodianos – la mundanalidad
- La levadura de los fariseos – la hipocresía

Pida a Dios que le escudriñe su corazón hoy y que le quite toda clase de levadura. ¡Cuidado! "Un poco de levadura leuda toda la masa" (1 Corintios 5:6-8). Propongámonos adorar y servir a Dios "en espíritu y en verdad" (Juan 4:24).

¿POR QUÉ SOY PENTECOSTAL?

A eso de los comienzos del siglo veinte, hubo en muchas iglesias un renovado énfasis en la persona y la obra del Espíritu Santo. La búsqueda de Dios por su santidad y poder que resultó de esto, trajo un avivamiento que pronto se esparció por todo el país y por todo el mundo. Hoy el movimiento pentecostal carismático es el segmento de más rápido crecimiento de la fe cristiana.

El Día de Pentecostés ha sido llamado el "nacimiento de la iglesia cristiana" (de 120 creyentes a 3.120 – Hechos 1:15b, 2:41b). Antes de volver al cielo, Jesús había prometido enviar a otro Consolador, el Espíritu Santo ("Uno como yo") para tomar su lugar (Juan 14:16). La venida del Espíritu Santo el Día de Pentecostés marca el cumplimiento de esta promesa.

El Cristo resucitado había dado a sus discípulos la orden de llevar el evangelio a todo el mundo, pero que esperaran en Jerusalén hasta recibir "poder desde lo alto", o sea, poder espiritual (Lucas 24:49). También les dijo que pronto serían bautizados con el Espíritu Santo y que tendrían poder para ser sus testigos (Hechos 1:8). No se puede luchar en la guerra espiritual con armas terrenales.

Ciento veinte obedecieron. Se encontraban orando cuando llegó el Día de Pentecostés. De repente, desde el cielo, el Espíritu Santo descendió sobre ellos. Se manifestaron estas señales sobrenaturales: un sonido como de un viento recio; lenguas como de fuego sobre la cabeza de todos los creyentes; y todos hablaron de las maravillosas obras de Dios en idiomas que nunca habían aprendido (Hechos 2:2-4).

Pedro, que anteriormente había negado al Señor, ahora proclamaba valiente al pueblo que ellos eran los asesinos de Jesucristo (Hechos 2:23). Luego les dijo cómo podían ser salvos (Hechos 2:38). Como tres mil personas se convirtieron ese día (Hechos 2:41). Esto fue el comienzo de la Iglesia. La Escritura declara: "Muchas maravillas y señales eran hechas por los apóstoles" (Hechos 2:43).

Poco después de Pentecostés Pedro y Juan fueron instrumentos para la sanidad de un hombre de 40 años que jamás había caminado (Hechos 3:1-10). Como resultado, cientos se conviertieron, y el número de hombres en la nueva Iglesia llegó a 5.000 (Hechos 4:4). Por todos los Hechos de los apóstoles, la historia de la primera Iglesia, hay un relato de sanidades y liberaciones sobrenaturales.

Los creyentes pentecostales carismáticos insisten que el poder del Espíritu Santo, manifestado el Día de Pentecostés, es para todos los creyentes hoy (Hechos 2:39). En ninguna parte de la Biblia hay indicación de que esto debe cesar. De hecho, Jesús dijo que el Espíritu Santo moraría en nosotros para siempre (Juan 14:15).

El Espíritu Santo hace posible que los creyentes venzan al enemigo de nuestra alma. Jesús prometió "potestad...sobre toda fuerza del enemigo" (Lucas 10:19). Su Palabra nos dice: "Mayor es el que está en vosotros, que el que está en el mundo" (1 Juan 4:4). Este poder tan necesario fue dado en Pentecostés.

Para los que buscan la verdad, es abrumadora la evidencia del poder sobrenatural, transformador, sanador de Dios en el mundo hoy. La increíble difusión del mensaje pentecostal por todo el mundo se debe en gran parte a la obra sobrenatural del Espíritu Santo de Dios. Como dijo E. Stanley Jones: "Dios es sobrenatural, si no, no fuera Dios", y "es lo normal que Dios haga lo sobrenatural". ¡Dejemos que Dios sea Dios!

La demostración de la obra del Espíritu Santo ha sido manifestada en la mayoría de los países del mundo. Como dijo Pedro: "Porque para vosotros es la promesa, y para vuestros hijos, y para todos los que están lejos; para cuantos el Señor nuestro Dios llamare" (Hechos 2:39). La Palabra de Dios nos dice: "Sed llenos (seguid siendo llenos) del Espíritu" (Efesios 5:18).

Yo soy pentecostal porque creo que es bíblico, práctico, necesario, relevante y un mandato.

Comentarios sobre la Biblia

La Santa Biblia es el fundamento para la Iglesia cristiana por todo el mundo. Ha recibido oposición a través de los siglos, sin embargo, este libro, algunas de sus partes escritas hace 3.500 años, todavía es el libro más traducido y circulado en todo el mundo. ¿Cómo podemos explicar su relevancia global y el deseo de tantas personas de poseerlo? Veamos algunos de los comentarios de algunas personas prominentes:

- El rey David dijo: "Lámpara es a mis pies tu palabra, y lumbrera a mi camino" (Salmo 119:105).

- El apóstol Pablo dijo a Timoteo, su hijo en la fe, que las Santas Escrituras podían hacerlo sabio para salvación, y que toda la Escritura es dada por inspiración de Dios y es útil (2 Timoteo 3:15,16).

- John Wesley: "Yo quiero saber una cosa, el camino al cielo – cómo llegar a las costas celestiales. Dios mismo ha condescendido a enseñarnos el camino. Él lo ha escrito en un libro. ¡Oh dadme ese libro! ¡A cualquier precio, dadme el Libro de Dios! ¡Quiero ser un hombre de un solo libro!"

- George Mueller (renombrado por su fe): "Siempre he amado grandemente la Palabra de Dios. He leído la Biblia entera con gran placer más de cien veces. Por muchos años he leído el Nuevo y el Antiguo Testamento en su totalidad en oración y meditación cuatro veces al año".

- Sir Isaac Newton (el científico): "Consideramos las Santas Escrituras la filosofía más sublime. Encuentro más señales de verdadera autenticidad en la Biblia que en cualquier historia secular".

- Dwight D. Eisenhower (general del ejército y popular presidente): Dirigiéndose a los representantes de la Sociedad Bíblica, dijo: "La dignidad y libertad de la humanidad, la piedra angular de la estructura de nuestro gobierno, encuentra su fuente y substancia en el verdadero sentido religioso en la Biblia, el único depósito de eternas verdades espirituales. En el sentido más tangible, es la primera fuente de independencia, de inspiración para la vida y para la libertad de América. Hace que los hombres renueven su mente y su espíritu. El concepto religioso de igualdad, justicia y misericordia lo cumplen ustedes y todos los que se dedican a la distribución de la Biblia. Es una noble tarea".

- Milton (el muy bien conocido poeta y autor): "En toda la literatura no hay nada que se pueda comparar con la Biblia".
- Thomas Jefferson (uno de los próceres, definidor y defensor de la democracia): "La Biblia hace a la mejor gente del mundo".
- La prueba de inspiración de John Wesley: "La Biblia tuvo que haber sido escrita o por hombres buenos o por ángeles, por hombres malos o por demonios o por Dios. Los buenos hombres y los ángeles no escribirían mentiras, diciendo que era la Palabra de Dios si no lo es. Los hombres malos o los demonios no escribirían algo que los condenara a condenación eterna. ¡Luego sigue que debe ser inspirada de Dios!"
- Smith Wigglesworth (el evangelista británico): "Jamás piense ni diga que este Libro contiene la Palabra de Dios. Es la Palabra de Dios. Sobrenatural en su origen, eterna en su duración, inefable en su valor, infinita en su alcance, divina en su dictado, regenerativa en su poder, infalible en su autoridad, universal en su interés, personal en su aplicación, inspirada en su totalidad. Léala toda, escríbala, órela hasta que se haga parte de su mismo ser, póngala por obra, comuníquela a los demás...¡ES LA PALABRA DE DIOS!"

¡Familiarícese con el Autor y usted sabrá que el Libro es verdad!

LA SEGUNDA VENIDA DE CRISTO
(MATEO CAPÍTULO 24)

El Nuevo Testamento claramente enseña sobre el regreso del Señor Jesucristo y el establecimiento de su reino en la tierra. Esto lo creen y lo enseñan los cristianos evangélicos.

Jesús prometió a sus discípulos que Él volvería (Juan 14:3). Él ha cumplido sus otras promesas. Él es la verdad misma, así que creemos en su Palabra.

Hay mucha especulación sobre el momento de su regreso. Algunos han ido en contra de la clara enseñanza de la Escritura y han fijado una fecha con desastrozos resultados. En 1 Teslonicenses 5:1-5 se nos dice que podemos saber cuándo el tiempo esté cerca. Sin embargo, Jesús nos dijo que no podemos saber ni el día ni la hora (Mateo 24:36).

El Señor nos ha dado muchas señales por las que podemos saber que su venida está cerca. Algunas de estas señales se encuentran en Mateo 24, Marcos 13 y Lucas 21. Otras se encuentran en diversas partes de la Biblia. Las siguientes son algunas de estas señales:

- Daniel dijo que en los últimos días la gente viajaría mucho, y que el conocimiento aumentaría grandemente (Daniel 12:4).
- Nahum parece haber descrito los automóviles (Nahum 2:3,4) e Isaías los helicópteros (Isaías 60:8).
- El retorno de Israel a su tierra, y el establecimiento de una nación en 1948, fue profetizado por Ezequiel y otros profetas (Ezequiel 20:41).
- Pablo declaró que en los últimos días vendrían tiempos peligrosos (2 Timoteo 3:1-5).
- Jesús advirtió que habría guerras y rumores de guerra, terremotos, hambres y pestes (Mateo 24:6-8). (Cf. el

virus del SIDA que está arrasando con naciones enteras.) Él también dijo que habría muchos falsos cristos y falsos profetas que engañarían a muchos (Mateo 24:5, Marcos 13:22).

- La anarquía y el mal abundan, y "el amor de muchos se enfriará" (Mateo 24:12; Cf. 1 Timoteo 4:1-3).
- Los cristianos serán odiados y perseguidos (Mateo 24:9, Marcos 13:9,13).
- Debido a toda la aflicción y perplejidad, el corazón de los hombres les fallará (Lucas 21:25,26).
- Las buenas nuevas es que el evangelio será predicado por todo el mundo (Mateo 24:14, Marcos 13:10).
- El Espíritu de Dios será derramado sobre toda carne (Hechos 2:17).

En vista de todo esto, ¿qué debemos hacer?

- 1) Estar listos (Marcos 13:33,37)
- 2) Levantar la cabeza (Lucas 21:28)
- 3) Trabajar mientras todavía es de día (Juan 9:4)
- 4) Apresurar su regreso al esparcir el evangelio (2 Pedro 3:9)

Si esta noche se oyera el clamor: "¡Aquí viene el esposo!" (Mateo 25:6), ¿cómo le afectaría a usted? Una corona de justicia espera a los que "aman su venida" (2 Timoteo 4:8).

La voz del Señor
(Hebreos 1:1,2)

¿Es posible que el simple hombre se comunique con el Dios Todopoderoso, el Creador del cielo y de la tierra? Dios es tan poderoso que su voz puede derretir la tierra (Salmo 46:6). Él habló y el mundo llegó a existir (Génesis, capítulo 1). Sin embargo, la Biblia nos enseña que Él puede hablar, y en efecto habla, a sus hijos. Es muy importante que todos los creyentes oigan, reconozcan y obedezcan la voz de su Maestro.

En los tiempos antiguos Dios envió profetas. (Un profeta es uno que habla al hombre por Dios). Ellos proclamaron valientes: "Dice Jehová". Dios habló al pueblo de diferentes formas por medio de los profetas, pero ahora nos ha hablado por medio de su Hijo. Jesucristo es la imagen del invisible Dios (Colosenses 1:15). Aprendemos cómo es Dios y cuál es su voluntad para la humanidad por medio del estudio de la vida de Jesucristo y por su Palabra.

En el mensaje de Dios a las iglesias, Él dice una y otra vez, "El que tiene oído, oiga lo que el Espíritu dice a las iglesias" (Apocalipsis 3:13). Tenemos oído para oír las noticias, los deportes, el tiempo y muchas otras cosas. ¿Podemos oír la voz del Espíritu? Jesús dijo que sus ovejas oyen su voz (Juan 10:3). ¿La oímos nosotros?

Dios es Espíritu y Él habla a nuestro espíritu; por lo tanto no siempre debemos esperar oírlo con nuestros oídos físicos. Él con frecuencia nos habla a través de su Palabra, la Biblia, cuando se hace viva por el Espíritu. Aunque Él puede, y a veces habla audiblemente, esta no es la manera común en la que nos habla.

Hay muchas voces en el mundo hoy que claman por nuestra atención. Es imperativo que reconozcamos la voz del Señor. El profeta Elías quería oír a Dios. El Señor mandó un poderoso viento que rompió e hizo pedazos las peñas, pero Él no estaba en el viento. Después del viento mandó un terremoto, y después del terremoto envió un fuego, pero Él no estaba en éstos. Luego vino "un silbo apacible y delicado", y comenzó a comunicarse con el profeta (1 Reyes 19:11-13).

Jesús dijo: "Mis ovejas oyen mi voz" (Juan 10:4,27). Él también dijo que no seguirían a un extraño, porque no conocían la voz de los extraños (Juan 10:5). Los falsos pastores pueden llegar como lobos en ropa de oveja, ¡pero un lobo no puede hablar como un pastor! ¿Cómo llegamos a conocer la voz del Señor? ¿Conoce usted la voz de su madre? ¿Cómo llegó a conocerla? Al asociarse íntimamente con ella por mucho tiempo.

No sólo debemos desear oír y réconocer la voz del Señor, debemos obedecer su voz, hacer su voluntad para poder ser salvos (Mateo 7:21). Debemos querer hacer su voluntad para poder oír de Dios (Juan 7:17). La voluntad de Dios para nosotros se revela de dos maneras: Su voluntad general está revelada en su Palabra, el Antiguo y el Nuevo Testamento. Su voluntad específica nos es revelada individualmente, por ejemplo, Isaías 30:21. Si no estamos dispuestos a obedecer su voluntad general, no necesitamos esperar una revelación divina para direcciones específicas.

Dios puede ordenarnos hacer algo que parezca temeroso o imposible. A Moisés se le ordenó que subiera al monte que ardía en medio del humo, fuego, oscuridad y relámpagos. Él temblaba y tenía miedo, pero obedeció al Señor (Hebreos 12:21). Él se convirtió en un gran dador de la Ley, y es reverenciado hasta el día de hoy. Se ha dicho que la valentía no es una ausencia de temor, sino temor bajo control.

El rey Saúl desobedeció al Señor y le costó su reino y su vida (1 Samuel 15:22,23).

Dios nos insta hoy: "Si oyereis hoy su voz, no endurezcáis vuestros corazones" (Hebreos 3:7,8). Hay millones de personas hoy con "impedimentos para oír" físicos. Es mucho peor tener "impedimentos espirituales para oír". Que Dios nos permita poder decir como Samuel: "Habla, Jehová, porque tu siervo oye" (1 Samuel 3:9).

LA PERSONA Y LA OBRA DEL ESPÍRITU SANTO

La expansión del movimiento pentecostal carismático por todo el mundo ha sido un sobresaliente fenómeno del siglo 20. Muchos quieren saber por qué.

Este movimiento da al Espíritu Santo el reconocimiento y lugar en la Iglesia que Él se merece. La doctrina del Espíritu Santo ha sido muy descuidada por la Iglesia durante varios siglos. Ya es tiempo que corrijamos ese error.

El Espíritu Santo es la tercera persona de la Trinidad. En la creación del mundo, Él movió las aguas dando así orden al caos (Génesis 1:2). En los tiempos del Antiguo Testamento, los profetas, sacerdotes y reyes eran ungidos para su servicio, y el Espíritu Santo venía sobre ellos (1 Samuel 10:1,6; Números 11:25,29; Jueces 3:10; 14:6; 15:1).

- El Espíritu Santo es una persona, y no cierta vaga influencia. Él tiene los atributos de personalidad:
  a) Intelecto–Sabe las cosas de Dios (1 Corintios 2:10,11).
  b) Emoción–Puede ser contristado (Efesios 4:30; se le puede mentir (Hechos 5:3); puede ser resistido (Hechos 7:51).
  c) Voluntad–Nombra obreros (Hechos 13:2-4; reparte dones según su voluntad (1 Corintios 12:11).
- Se usan pronombres personales para referirse al Espíritu Santo (Juan 14:17,26; 16:7-13).
- Él está incluído con el Padre y el Hijo en la fórmula bautismal dada por el mismo Jesús (Mateo 28:19).

Los discípulos se sintieron devastados cuando supieron que Jesús los dejaba. Él les dijo que no se entristecieran, porque les enviaría "otro Consolador" (literalmente "otro como yo") (Juan 14:18). Él les dijo que esto sería para la ventaja de ellos (Juan 16:7). Mientras Jesús estuviera aquí, estaría limitado en el espacio por su cuerpo humano. Siendo que el Espíritu Santo es espíritu, y también Dios, Él puede estar presente en todas partes.

- Su nombre, "Paracleto", literalmente quiere decir "uno llamado a ir al lado para ayudar", así que Él es nuestro Ayudador como también nuestro Consolador. Podemos pedir su ayuda en momentos de necesidad.
- Él es el Espíritu de verdad (Juan 14:17; 16:13), y nos enseñará y nos guiará (Juan 14:26).
- Él testificará de Cristo (Juan 15:26), lo glorificará (Juan 16:14).
- Él convencerá al mundo de pecado (Juan 16:8). Esta no es una tarea fácil, pero hasta que la gente no sepa que ha pecado, no sentirá la necesidad de un Salvador.

Los Hechos de los Apóstoles muy bien podría titularse Los Hechos del Espíritu Santo. Jesús prometió que los creyentes recibirían "poder desde lo alto", y les dijo que lo esperaran (Lucas 24:49). Él dijo que recibirían de su poder cuando el Espíritu Santo viniera sobre ellos (Hechos 1:8). Esta promesa se cumplió el Día de Pentecostés. Fueron testigos poderosos de la resurrección de Jesucristo. Señales y milagros acompañaban su ministerio, y miles pasaron a ser parte del reino de Dios. Pocos días después, amenazados por los líderes relgiosos, oraron pidiendo más señales y maravillas para seguir testificando. El Espíritu vino sobre ellos, el edificio mismo fue sacudido y fueron llenos del Espíritu, quien les dio denuedo.

Siendo que el Espíritu Santo es Dios, Él es eterno. Su ministerio es el mismo hoy como lo fue entre la Primera Iglesia. De hecho, Jesús dijo que Él estaría con nosotros para siempre (Juan 14:16). Quizás la mayor necesidad de la Iglesia hoy es dar al Espíritu Santo el derecho que le pertenece en nuestra propia vida personal y en el ministerio de la Iglesia.

EL BAUTISMO DEL ESPÍRITU SANTO
(HECHOS 1:5)

¿Qué es el bautismo del Espíritu Santo? Juan el Bautista, cuando presentó a Jesús ante la multitud en el bautismo de Jesús en el río Jordán dijo: "Ese es el que bautiza con el Espíritu Santo" (Juan 1:33b).

Note primero que es una experiencia aparte de la salvación. Los discípulos ya eran salvos. Sus nombres estaban escritos en el libro de la vida (Lucas 10:20). Jesús dijo que el mundo no puede recibir al Espíritu Santo, que Él estaba con ellos y estaría en ellos (Juan 14:17). Fue a los creyentes, personas que ya eran salvas, a quienes el Señor dijo que permanecieran en Jerusalén hasta recibir "poder desde lo alto" (Lucas 24:49).

El Espíritu Santo nos bautiza al Cuerpo de Cristo. Todos los que son "nacidos de nuevo" tienen una medida del Espíritu (1 Corintios 12:1). Aquí el Espíritu Santo es el agente. Cuando recibimos el bautizmo del Espíritu Santo, Cristo es el agente (Juan 15:26).

Pablo preguntó a los creyentes efesios si habían recibido el Espíritu Santo (desde o cuando) creyeron (Hechos 19:2). Ha habido cierta disputa sobre si la palabra debe ser "desde" o "cuando". En realidad no importa, porque en cualquier caso denota una experiencia aparte de la salvación.

El poder prometido vino el Día de Pentecostés. Ciento veinte creyentes, que habían estado esperando unos 10 días, recibieron el derramamiento del Espíritu Santo. Ellos hablaron en lenguas que jamás habían aprendido "las maravillas de Dios" (Hechos 2:11).

Es de esperar que habría algo que indicara que la persona ha recibido esta bendición. En el Día de Pentecostés hubo tres señales sobrenaturales: Un estruendo como de un viento recio; lenguas repartidas como de fuego en cada creyente individual y hablar en lenguas que jamás habían aprendido (Hechos 2:1-11). Cuando Pedro predicó a Cornelio y su casa, el Espíritu vino sobre ellos mientras él todavía hablaba. No hubo un viento recio ni lenguas de fuego, pero Pedro dijo: "han recibido el Espíritu Santo también como nosotros" (Hechos 10:47). Los creyentes efesios hablaban en lenguas (Hechos 19:6). También los corintios, y Pablo dijo que él habalaba en lenguas más que todos ellos (1 Corintios 14:18). Comparando estos dos casos, y otros en el Nuevo Testamento, llegamos a la conclusión de que hablar en lenguas es la evidencia física inicial de haber recibido el bautismo del Espíritu Santo. Hay otras evidencias de una vida llena del Espíritu.

Esta bendición celestial, y su poder, es para nosotros hoy. El Espíritu Santo, el divino Ayudador, fue dado para permanecer en nosotros *para siempre* (Juan 14:16).

Era lo normal en la Primera Iglesia que los creyentes fueran llenos del Espíritu Santo, y debe serlo para los creyentes hoy.

¿Cuáles son las condiciones para recibir este don de Dios? Arrepentirse (Hechos 2:38). Pedirlo (Hechos 11:13). Dios está dispuesto a darlo. Nosotros sólo estamos preparados para hacer la obra del Señor cuando recibimos el poder del Señor.

Hay un bautismo en el Espíritu Santo, pero podemos volver a ser llenos muchas veces (v.g., Hechos 4:31). La Escritura nos insta: "Sed llenos (seguid siendo llenos) del Espíritu". Uno no es verdaderamente pentecostal hasta que no haya recibido su "Pentecostés personal".

"CLAMA A MÍ"
(JEREMÍAS 33:3)

Esta es una de las declaraciones más asombrosas de toda la Biblia. Jeremías estaba en la cárcel cuando el Señor le habló y le dio esta promesa. Todas las promesas de la Biblia son para nosotros (2 Corintios 1:20).

Primero, consideremos al autor de esta declaración. Es el Dios Omnipotente, Creador del cielo y de la tierra. No hay nada difícil para Él (Jeremías 32:17). Su grandeza está descrita en Isaías 40:12-23.

A pesar de que Dios es tan grande, Él repara hasta en la caída de los pajarillos, y nos dice: "No temáis, pues; más valéis vosotros que muchos pajarillos" (Lucas 12:7b). Cf. Mateo 10:29-31 con Lucas 12:6,7. ¡Él se interesa por usted!

¿Qué hará usted? ¡Clamar! Muchas veces no recibimos porque no pedimos (Santiago 4:2b). Vea Lucas 11:9,10. (Se debe notar que los verbos aquí denotan acción continua.)

El Señor también nos invita a clamar a Él en el día de aflicción (Salmo 50:14,15), y promete librarnos.

"Yo te responderé". Dios es verdad, no puede mentir (Números 23:19). Usted puede apostarlo todo en la Palabra de Dios.

Es razonable suponer que el enemigo de nuestra alma hará todo lo que esté dentro de su poder para evitar que los hijos de Dios usen esta poderosa arma de la oración.

He aquí algunos de los estorbos para la oración:

- Pedir por lo que no se debe pedir (Santiago 4:3)
- Pecado en la vida (Salmo 66:18; Isaías 59:1,2)
- Falta de fe (Mateo 17:18-29)

- Dificultades conyugales (1 Pedro 3:7)

"Cosas grandes y ocultas". Aunque Dios se interesa por las necesidades diarias de sus hijos, su Palabra nos anima a que oremos por las cosas grandes. Las necesidades del mundo son abrumantes, pero tenemos un Dios Omnipotente. Él nos dijo que oráramos pidiendo obreros para su cosecha (Mateo 9:38). (Estos obreros serán de muchas naciones diferentes, no sólo de Estados Unidos, Gran Bretaña, Suecia, etc.)

Pida cosas grandes. Si un gran rey lo invita a que le pida un favor, ¿pediría usted una bolsa de maní? ¡Eso sería un insulto! Se predice que en los últimos días, hasta llegar el momento del anticristo, "el pueblo que conoce a su Dios se esforzará y actuará" (Daniel 11:32b). ¡Crea en Dios por las cosas grandes! Recuerde, no hay nada imposible para Él (Lucas 1:37).

"Que tú no conoces". La Biblia está llena de ilustraciones del poder de Dios. La historia de la Iglesia presente y pasada nos dice de las cosas milagrosas que Dios ha hecho y está haciendo. Sin embargo, Dios puede y quiere mostrarnos cosas nuevas que nunca antes han sido hechas.

Pïdámosle en fe creyendo; pidamos que su nombre sea glorificado; sigamos pidiendo hasta que llegue la respuesta (1 Tesalonicenses 5:17).

Sigamos pidiendo, sigamos buscando, etc.

SANTIDAD
(1 PEDRO 1:16)

¿Qué quiere decir santidad, y por qué es tan importante? La palabra "santidad" y la palabra "santificación" son sinónimos y a veces se usan intercambiablemente. El significado es "separación" – separación del pecado, y separación (apartar o consagrar) para Dios y su servicio.

La santidad es un atributo esencial de Dios. Es su divina naturaleza (Isaías 6:3), y con frecuencia es llamado "el Santo de Israel" (Isaías 41:14). A Dios le gusta la santidad (1 Crónicas 16:29). Dios dejó sus instrucciones para sus seguidores en la Santa Biblia.

La santificación es, en realidad, el proceso de hacerse santo. En el Antiguo Testamento no sólo se limpiaban a los sacerdotes, sino también se limpiaban las vasijas para el templo y se apartaban para sus respectivos servicios. Eran "santificadas".

¿Y qué de hoy? Creemos que la santificación tiene tres aspectos:
1. Instante – limpieza y purificación recibida al nacer de nuevo (1 Corintios 1:2,20; 6:11)
2. Progresiva – (2 Corintios 7:1; Efesios 4:22-24)
3. Completa – cuando Cristo venga por los suyos (1 Juan 3:2)

Jesús nos dio un ejemplo de una vida santa (Hebreos 4:15).

¿Por qué santidad?
1. Es la voluntad de Dios (1 Tesalonicenses 4:3).
2. Dios lo manda (1 Pedro 1:16).
3. Para ser como nuestro Padre celestial (1 Pedro 1:16).
4. Para poder entrar al cielo (Hebreos 12:14).
5. Se nos llama a ser santos (1 Tesalonicenses 4:7).

Se debe notar que la santidad no está determinada por las

apariencias externas, sino por la limpieza interna (1 Pedro 3:3,4). Sin embargo, la condición de nuestro corazón y de nuestra alma se reflejará en nuestra apariencia externa.

¿Cómo se obtiene la santidad?
1. A través de la Santa Biblia (Juan 15:3; 17:7; Efesios 5:26)
2. Al caminar en la luz (1 Juan 1:7). Debemos obedecer la luz de la Palabra según se nos revela.
3. La sangre de Cristo nos limpia (1 Juan 1:7).
4. La vida de Cristo interna (Colosenses 1:27)
5. Al seguir siendo llenos del Espíritu Santo (Efesios 5:18)
6. Al obedecer las correcciones de Dios (Hebreos 12:9,10)
7. Al participar de la divina naturaleza (1 Pedro 1:4)

Las recompensas de la santidad:
1. Los puros de corazón verán a Dios (Mateo 5:8).
2. Cristo viene por una Iglesia gloriosa – santa y sin mancha (Efesios 5:27).
3. El cielo es un lugar santo, preparado para un pueblo santo (Apocalipsis 21:27).

Aunque quizás podamos cometer algunos fallos en nuestra búsqueda de la santidad, podemos orar como David: "Crea en mí, oh Dios, un corazón limpio. . . y no quites de mí tu Santo Espíritu" (Salmo 51:10,11). Él perdonó a David, y Él lo perdonará a usted. Hagamos lo mejor que podamos para ser como nuestro Padre celestial, santos y aceptables ante Él.

EL PODER DE LA PALABRA DE DIOS

El mundo constantemente busca fuentes de poder, al mismo tiempo que ignora la fuerza más grande del universo. Esa fuerza es el poder de la Palabra de Dios. El poder militar, las bombas atómicas, etc. son principalmente para destrucción. La Palabra de Dios, ya sea hablada o escrita, da vida. Para Dios nada es imposible (Lucas 1:37).

El poder de la Palbra depende de la autoridad que la respalda. Jesús dijo: "Toda potestad me es dada en el cielo y en la tierra" (Mateo 28:18). La gente se maravillaba de las palabras de Jesús, porque hablaba con autoridad (Lucas 4:32). La fuente de su autoridad era Dios, el Padre (Juan 12:49,50). Veamos algunos de los ejemplos del poder de la Palabra de Dios:

- Poder creativo (Hebreos 11:3; Génesis 1:3,6,9)
- Poder sostenedor (Hebreos 1:3)
- Poder proveedor (Lucas 5:5-7)
- Poder sobre los elementos (Marcos 4:36-41)
- Poder penetrante (Hebreos 4:12; Isaías 55:10,11)
- Poder prevalecedor (Hechos 19:18-20) Cf. Mateo 4:4,7,10
- Poder sanador (Lucas 4:35,36; 5:12,13) Cf. Salmo 107:20
- Poder perdonador (Lucas 5:20,24; 7:48)
- Poder de resurrección (Lucas 7:13-15; Juan 11:43,44)
- Palabras de vida (Juan 5:24; 6:68)

Seguramente que podemos decir, como los que fueron enviados a tomar prisionero al Señor pero regresaron sin Él: "¡Jamás hombre alguno ha hablado como este hombre!" (Juan 7:46).

Jesús hablaba las palabras de su Padre (Juan 12:49,50). Si la Palabra de Dios en los labios de Jesús tenía poder, su Palabra en los labios de sus dedicados siervos hoy también puede tener poder. Hable la Palabra. Predique la Palabra.

El día se acerca cuando todos los que están en sus sepulcros oirán su voz y saldrán de ellos (Juan 5:28,29). Es necesario que oigamos su voz hoy. El que dijo: "Sea la luz", traerá la luz a su alma. El Autor de la vida le dará vida espiritual, vida eterna. El que calmó la tempestad dará a su abatida alma la paz que sobrepasa todo entendimiento.

Recuerde, la Palabra de Dios es eterna. Jesús dijo: "El cielo y la tierra pasarán, pero mis palabras no pasarán" (Mateo 24:35).

PREDICAMOS A CRISTO
(2 CORINTIOS 4:5)

Los misioneros y evangelistas van por todo el mundo, a algunas de sus regiones más remotas, con un mensaje. Muchos se preguntan: ¿Por qué se sacrifican, por qué van, y cuál es su mensaje.

El apóstol Pablo dio la respuesta muy clara: "Porque no nos predicamos a nosotros mismos, sino a Jesucristo como Señor". Los políticos hablan mucho de sus propias cualificaciones y cómo las personas los necesitan. Todo hombre es imperfecto y no llega a la medida de Dios (Romanos 3:23). Amamos a nuestra iglesia, pero niguna iglesia puede salvar. Como declaró Pedro, sólo Cristo puede salvar (Hechos 4:12).

No sólo predicamos otra religión. El mundo está cansado de religiones, credos, ceremonias, códigos de ética, etc. El mundo no necesita otra religión. Lo que se necesita es un encuentro personal con Jesucristo, el Salvador.

¿Por qué predicamos a Cristo? Veamos algunas de las razones:
- Él es el Hijo de Dios (Juan 1:34; 3:16; Mateo 17:5).
- Él nació de una virgen (Mateo 1:18, 23; Lucas 1:34,35).
- Él fue un maestro (rabí) sobresaliente (Juan 3:2; 7:28,45,46; Lucas 4:32; 7:28,29).
- Él es un sanador todopoderoso (Mateo 8:13-17; Juan 6:2).
- Él es el único Salvador (Hechos 4:12; Mateo 1:21; Juan 1:29).
- Él bautiza con el Espíritu Santo (Juan 1:29-34; Hechos 1:5,8; Hechos 2:4).
- Él es el Rey que viene (Daniel 2:44; Apocalipsis 1:5-8; Hechos 1:11; 2 Timoteo 2:11,12).
- Él es nuestro Señor Inmutable (Hebreos 13:8; Santiago 1:17).
  (Esto quiere decir que quiere que nosotros hagamos ahora

todo lo que Él quería hacer cuando estaba en la tierra.)

Estas son las gloriosas noticias que los cristianos deben llevar por todo el mundo. Cuando usted llegue a conocer al Señor, quién es, cómo es y lo que ha hecho por nosotros, usted lo amará y querrá aceptarlo como el Salvador de su alma y Señor de su vida.

POSEEDORES DE NUESTRA HERENCIA
(JOSUÉ 13:1)

Josué, el líder de Israel que siguió a Moisés, ya estaba viejo. ¡Dios le dijo lo que debía hacer antes de su fallecimiento! Se le dijo que dividiera la tierra entre las tribus de Israel, y que dejara que cada tribu supiera qué parte de la herencia prometida le tocaba, para que la pudieran poseer.

Algunos años después, siete de las tribus todavía no habían tomado posesión de la porción que se les adscribió. Josué los llamó y preguntó: "¿Hasta cuándo seréis negligentes para venir a poseer la tierra que os ha dado Jehová el Dios de vuestros padres?" (Josué 18:3).

Existe una situación parecida hoy. Los ministros de Dios, líderes de su pueblo, deben saber cuál es nuestra herencia espiritual, y dejar que los seguidores de Cristo sepamos lo que nos pertenece para que vayamos y lo poseamos como Él nos lo ha legado.

Recuerde que Satanás luchará y hará todo lo que pueda para oponerse a que recibamos nuestras bendiciones prometidas. Aunque a los israelitas se les había dado la tierra, todavía tenían que luchar por ella.

La tierra que el Señor quiere que sus hijos posean:
1) Victoria sobre el pecado – santidad (Hebreos 12:14; 1 Pedro 1:15,16)
2) Plenitud del Espíritu Santo – (Efesios 5:18; Juan 7:37-39)
3) Sanidad – personal (Éxodo 15:26; Salmo 103:3), y como un medio para ganar a los demás (Juan 6:2; 20:30,31)
4) Dones y frutos del Espíritu Santo (1 Corintios 12:4-11; Gálatas 5:22-23)
5) Evangelización del mundo (Marcos 16:15; Mateo 24:15)
   • Dios nos ha dado la tierra – (Josué 2:8-11, 21-24).
   • Sus promesas son verdaderas – (Josué 21:43-45).

Poseamos <u>todo</u> lo que nos pertenece, nuestra herencia. Determinemos que poseeremos lo que el Señor nos dé (Jueces 11:24). En Santiago de Cuba, al final de una gran campaña, la congregación compró un teatro para sus cultos. Un día el hermano Luis Ortiz, el pastor, mientras escudriñaba detenidamente las escrituras, encontró una discrepancia. Había un lote que pertenecía a la propiedad que el anterior dueño no sabía que le pertenecía a él, y por lo tanto nunca ocupó. La iglesia pudo rectificar la escritura y tomar posesión de la tierra.

Debemos estudiar el testamento. Buscar lo que es nuestro, luchar por ello, sacar a los intrusos y poseerlo.

¿Qué mantuvo a los israelitas fuera de su herencia? No fue una falta de derecho, ni una falta de fuerza. ¡Fue la NEGLIGENCIA! ¿Es esta la razón por la que la Iglesia hoy no está en completa posesión de su herencia?

¿Por cuánto tiempo seremos nosotros negligentes? No es un sencillo asunto de perder bendiciones personales. Si no tenemos los dones, los medios, ni las armas que el Señor nos ha dado, podría afectar a miles de almas que necesitan las bendiciones que ofrece la herencia de Dios.

Hay dos clases de negligencia, personal y criminal. Si una persona es contratada para cuidar de un cruce de trenes, y por no cumplir con su deber hay un choque y alguien muere, puede ser enjuiciada por "negligencia criminal".

El Señor nos ha hecho atalayas (Ezequiel 33:8).

¿Por cuánto tiempo seremos negligentes? Que Dios nos permita ser diligentes para poseer nuestra herencia total, no sólo para nuestra propia bendición, sino para que podamos ser la bendición para otros que Dios quiso que fuéramos.

"LEVÁNTATE Y RESPLANDECE"
(ISAÍAS 60:1)

¿Alguna vez ha meditado sobre la importancia de la luz? Si no hubiera luz, cesaría la vida vegetal, y como resultado, perecería la vida animal. ¡Sólo quedaría un desolado planeta de oscuridad! La vida misma depende de la luz.

La vida espiritual depende de la luz espiritual. Jesucristo es la verdadera "luz del mundo" (Juan 8:12). Nadie puede negar la excelencia de sus enseñanzas morales y espirituales.

Jesús también declaró: "Vosotros sois la luz del mundo" (Mateo 5:14). ¿Cómo puede ser esto? Él explicó: "Entre tanto que estoy en el mundo, luz soy del mundo" (Juan 9:5). Él es la fuente de luz y nosotros reflejamos su luz. La luna no tiene luz en sí misma, sino simplemente refleja la luz del sol. Malaquías 4:2 se refiere a Jesús como "el Sol de justicia". ¿Reflejamos nosotros su gloria? ¿Puede el mundo ver la belleza de Jesús en nosotros?

Myer Pearlman hizo un pedido a su cuñado de una biblia de texto luminoso. Cuando llegó la biblia por correo, inmediatamente la llevó a un gabinete oscuro para verla brillar en la oscuridad. Para su desilusión no brilló. Fue a su cuñado y le dijo que el texto no había brillado. La respuesta fue: "Oh, para brillar en la oscuridad el texto primero tiene que ser expuesto a la luz". ¿Es esta la razón por la que algunos cristianos no resplandecen? ¡Es necesario que pasemos tiempo ante la presencia del Señor!

Hemos sido llamados de la oscuridad a la luz (1 Pedro 2:9).

La luz no se debe esconder (Juan 5:15). "Díganlo los redimidos de Jehová" (Salmo 107:2).

A veces hay un eclipse de la luna, cuando no refleja la luz del sol. ¿Qué causa esto? El mundo se interpone entre la luna y la fuente de su luz. A veces los cristianos dejan de resplandecer.

¿Por qué? Es por lo regular la misma cosa, ¡el mundo se interpone entre el cristiano y su fuente de luz! En el mundo de la naturaleza esto es normal, pero no tiene que ser así en la vida del cristiano.

¿Cómo podemos resplandecer para el Señor?
a) Con las buenas obras (Mateo 5:16; Efesios 2:10)
b) Al amar al prójimo (Juan 13:35)
c) Con una vida llena de gozo (Filipenses 4:4)

¿Dónde debemos resplandecer? Dondequiera que se necesite luz. Algunos quieren resplandecer sólo en la iglesia donde hay muchas otras luces. Hay millones en nuestro mundo que buscan la luz. En algunas circunstancias hasta una luz pequeña es altamente apreciada. Un sindicato del periódico tenía como su lema: "Dad luz, y la gente encontrará su propio camino".

Cambiando nuestra comparación a la electricidad, manteniendo un buen contacto. Se debe evitar el material no conductivo, cosas que no son necesariamente malas, pero que no son conductivas a la espiritualidad.

Cuando cada cristiano individual resplandezca por Jesús en su propio círculo de influencia, alumbraremos a todo el mundo con la gloriosa luz del evangelio de nuestro Señor y Salvador Jesucristo.

LA AMISTAD

El gran explorador norteamericano, el Admirante Byrd, en una ocasión tuvo que pasar tres meses completamente solo en un puesto muy cerca del Polo Sur. Él escribió un libro sobre esta experiencia titulado: "Alone" ["Solo"]. Él dijo que durante este tiempo hizo una reevaluación de la vida. Llegó a la conclusión de que la cosa más importante en la vida era la verdadera amistad.

Decimos que una persona es rica porque tiene una abundancia de algo. Algunos son ricos en casas y tierras. Otro puede ser rico en ganado; otros son ricos en oro o plata, etc. ¡Pero el que es rico en abundancia de amistad verdadera es una de las personas más ricas de la tierra!

No todos los amigos son verdaderos, o dignos de amistad. Algunos lo elevarán. Otros lo arrastrarán a su propia destrucción. Muchas vidas han sido rescatadas y hechas dignas gracias a un amigo. Por otro lado, miles de vidas han sido arruinadas por los malos amigos.

¿Qué clase de amigos tiene usted? ¿Qué clase de amigo es usted? Dios bendijo a Job cuando oró por sus amigos (Job 42:10). ¿Está usted orando por los suyos?

Salomón nos dice: "Muchos son los que aman al rico" (Proverbios 14:20b). Sin embargo, es difícil que un rico sepa quién de verdad es el que lo quiere por lo que es, o por lo que pueda conseguir de él. ¡La mayoría de nosotros no hemos tenido esta dificultad!

"En todo tiempo ama el amigo. Y es como un hermano en tiempo de angustia" (Proverbios 17:17).

Tenemos el privilegio de escoger a nuestros amigos. Se ha dicho: "No juzgues al hombre por sus antepasados. Él no los escogió. Juzga al hombre por sus amigos pues a ellos sí escogió". Hay un dicho que dice: "Dime con quién andas, y te diré quién eres". En Proverbios se nos dice: "El que anda con sabios, sabio será" (13:20).

Pablo nos exhorta: "No erréis; las malas conversaciones corrompen las buenas costumbres" (1 Corintios 15:33). Si una manzana podrida corrompe un barril de buenas manzanas, ¿qué suerte le toca a una buena manzana en un barril de manzanas podridas? ¡Escoja a sus amistades con sabiduría!

Jesucristo es el mejor amigo que podemos tener:
a) Él siempre nos comprende.
b) Él nos ama (Gálatas 2:20).
c) Él siempre está presente (Mateo 28:20).
d) Él es todopoderoso (Mateo 28:18).
e) Él jamás nos dejará ni nos desamparará (Hebreos 13:5b).

Para ser un amigo de este maravilloso Jesús, hay ciertas condiciones:
a) No debemos amar al mundo (Santiago 4:4).
b) Debemos guardar sus mandamientos (Juan 15:14).
c) Debemos permanecer en Él (Juan 15:7).
d) Debemos amarnos unos a otros (Juan 13:34,35).

Jesús quiere ser su amigo hoy. Después, Él va a ser el Juez Supremo. ¿Qué será Él para usted?

¿CÓMO HEMOS DE VIVIR?

(2 PEDRO 3:9-14)

La Biblia predice que en los "postreros días" vendrán tiempos peligrosos (2 Timoteo 3:1-5). Pedro advierte contra un día que viene cuando los elementos se derretirán. Él parece describir la fusión nuclear. En vista del inevitable juicio que se avecina sobre la tierra, Francis Schaeffer, un filósofo cristiano, escribió un libro titulado "¿Cómo hemos de vivir?" ["How Should We Then Live?"] Pedro dice: "¡cómo no debéis vosotros andar en santa y piadosa manera de vivir!" (2 Pedro 3:11).

¿Qué clase de personas debemos ser?

1. **En vista de quién es Cristo:**
   a) Lo que Él dice ser:
      El Hijo de Dios (Juan 1:34; 4:25,26)
      El Salvador del mundo (Mateo 1:21; Juan 4:25,26; Hechos 4:12)
      El Señor (Juan 13:13)
   b) Lo que dice ser está establecido:
      Por la resurrección (Romanos 1:4)
      Por la Iglesia que estableció (Mateo 16:18)

2. **En vista de lo que somos nosotros:**
   a) Escogidos (1 Pedro 2:9; Juan 15:16). La palabra "ecclesia" (iglesia) quiere decir "Llamado".
   b) Hijos de Dios (1 Juan 3:1-3)
   c) Propiedad suya. Él nos creó y nos compró (1 Corintios 6:19,20).
   d) Peregrinos y extranjeros aquí en la tierra (1 Pedro 2:11; Filipenses 3:20)
   e) Llamados a santidad (1 Pedro 2:13-16)
   f) Obra suya (Efesios 2:10)

3. **En vista de las condiciones del mundo:**
   a) Tiempos peligrosos (2 Timoteo 3:1-5)
   b) Nos rodean las tinieblas (Isaías 60:2)
   c) Hemos de resplandecer (Filipenses 2:14-15; Mateo 5:16)

4. **En vista del regreso de Cristo:**
   a) Mantenernos listos (Efesios 5:25-27; 2 Pedro 3:14)
   b) Orar y velar (Marcos 13:32-37)
   c) Trabajar (Juan 9:4)
   d) Hacer hazañas (Daniel 11:32)

www.ingramcontent.com/pod-product-compliance
Lightning Source LLC
Chambersburg PA
CBHW060948040426
42445CB00011B/1052